LOISIRS DE SEPTEMBRE

UN TOUR

DANS

L'ITALIE DU NORD

PAR

MADAME KRAFFT-BUCAILLE

PARIS

LIBRAIRIE ACADÉMIQUE

DIDIER ET Cie, LIBRAIRES-ÉDITEURS

35, QUAI DES AUGUSTINS, 35

UN TOUR

dans

L'ITALIE DU NORD

santes autour de notre pâle satellite? Tout le globe est connu du pôle nord au pôle sud ; nos navigateurs s'y trouvent presque trop à l'étroit, un écolier le fait sauter dans sa main. Les enfants d'aujourd'hui, au lieu d'être bercés par de monotones et invraisemblables Robinsons, — comme nous l'avons été, nous autres, représentants des vieux âges, — lisent les plus attrayantes vérités ; ils font le tour du monde sans quitter leur chambrette ; ils s'embarquent, ils prennent le chemin de fer, ils montent en ballon ; ils explorent, dans un rayon de soleil ou au lustre de l'imagination, les cinq parties du monde. Comment donc oser venir leur parler de l'Italie, région tant explorée, sur laquelle tout a été dit, répété, inventé, — que tous les poètes ont chantée, qu'ils aient de la voix ou non, — et dont les souvenirs, les monuments et les points de vue sont devenus une sorte de banalité artistique? — Mais, tu le veux, ma chère Marie ; tu me le demandes au nom de tes enfants, en affirmant que mes petits souvenirs de voyage pourront les intéresser et les instruire. Il y a longtemps que je sais qu'on ne leur résiste pas; je vais coordonner pour eux les notes que j'ai prises en route et te les envoyer tant bien que mal, dans un paquet de lettres que vous lirez le soir en famille.

Tu sais déjà que je suis partie de Nice le lundi 30 août 1875. Nous n'avons pas le choix des mois ni des saisons pour entreprendre nos voyages, qui sont subordonnés aux vacances de mon mari. Mais le mois de septembre est heureusement un de ceux où l'Italie se présente avec le plus d'avantages et où la température a le plus de chances de stabilité. D'ailleurs, nous avons eu celle d'être favorisés par un temps superbe.

De Nice, nous devions aller à Savone, et de Savone à Alexandrie, en évitant Turin, que nous avons visité il y a deux ans, lorsque nous sommes allés en Piémont par le col de Tende, et en Savoie par le Mont Cenis. Le chemin de fer est établi tout près de la mer, beaucoup trop près, à ce qu'il me semble, car il ne faudrait pas un fort caprice de la Méditerranée pour tout détruire avec quelques vagues.

La voie ferrée suit tous les contours des

côtes ; elle longe des golfes ravissants , des presqu'îles bien découpées et présente à tout instant des sites faits pour ravir un peintre ; seulement, comme ombre au tableau , ce railway, établi au pied des derniers contreforts des Alpes Maritimes, se plonge à chaque minute dans de longs et fatigants tunnels ; au moment où l'on était le mieux en train d'admirer, l'oreille se remplit de tapage, l'œil de fumée :

Ce n'est que sifflements, que fracas de ferrailles,
Et la terre, à grand bruit, vous ouvre ses entrailles,
Comme au guerrier divin, qui, dans un sol mouvant,
Se vit, avec son char, enseveli vivant.
Puis le ciel reparaît, et la locomotive
Tirant son lourd fardeau, fumante, convulsive,
Sort du souterrain noir en triomphe : on entend
Son souffle saccadé, pénible, intermittent.

Tu peux t'imaginer combien souvent cet agréable effet se produit en apprenant qu'il y a une cinquantaine de tunnels entre Nice et Savone. Je me rappelais la parole de ce vieux marin qu'on avait fait aller de Nantes à Bordeaux en chemin de fer : — « Est-ce assez ridi-

» cule, disait-il, de voyager sur terre, et même
» parfois dessous, alors qu'on a tout près la
» mer, qui est un chemin si commode! » Le
mot a une apparence de vérité, et le chemin
de fer de Nice à Gênes lui donne raison. Mais
le mal de mer, voilà ce qui vous dépoétise un
voyage, et ce qui m'a toujours tenue à distance
des excursions nautiques.

Nous dépassâmes les premières stations au vol
de la vapeur. Voici Villefranche, le port militaire de Nice, pittoresquement posé au fond
de sa superbe rade naturelle. Cinq navires
de guerre s'y balancent mollement sur leurs
ancres, dans la plus profonde paix. Trois d'entre eux font flotter le *Red White and Blue*
étoilé dè la jeune Amérique; un le pavillon
français, et le cinquième, le drapeau russe.

Nous passons devant le rocher d'Eza, au
sommet duquel on affirme qu'il y a un village.
Je ne refuse point d'y croire, mais je n'ai
jamais rien pu découvrir qui y ressemblât
chaque fois que j'ai passé dans ce lieu. Je n'ai
vu qu'un roc sourcilleux, d'aspect assez pittoresque, souvent reproduit par les peintres

paysagistes, entre autres par M. Costa, de Nice, qui en a fait le sujet de charmantes aquarelles, — mais de maisons, pas la moindre apparence. Ce mystérieux village, juché comme un nid d'aigle au sommet d'un rocher, fut, dit-on, un repaire de corsaires sarrasins au VIIIᶜ et IXᵉ siècles. Étaient-ils rêveurs comme le Conrad de Lord Byron, déguenillés comme ceux d'Hadji-Stavros ou cocasses comme ceux de Giroflé-Girofla ? La légende n'en dit rien.

Laissons passer comme un rêve cette jolie miniature géographique et politique qu'on appelle Monaco. N'en disons rien : tant d'autres en ont si bien parlé !

Nous voici aux trop fameuses terrasses de Monte Carlo où le démon du Jeu tient sa cour. Oh ! les beaux palmiers, les splendides gazons, les charmantes fontaines ! Les jardins d'Armide n'avaient pas de plus magiques horizons ni de plus séduisantes perspectives. Une rampe superbe, que beaucoup de naïfs prennent pour le grand chemin de la fortune, mène sans fatigue de la gare au seuil du Casino, palais de Sa Majesté la Roulette. Je suis de ceux qui savent braver ses séductions; j'ai approché maintes fois de son tapis vert, mais sans autre but que d'observer ses pâles sujets et de cueillir dans ce lieu, véritablement sinistre, quelques brins de philosophie ou d'observation morale, bons à jeter ensuite dans un chapitre de roman. Je ne ferai donc aucune tartine à ce sujet; je ne reproduirai aucune des apostrophes fulgurantes lancées au Jeu par ses victimes, (que je ne trouve pas, au fond, très intéressantes). Sauvons-nous au plus vite jusqu'à Menton, lieu de repos, de vie de famille, et tout spécialement fréquenté par la haute vertu britannique. Monaco et Menton, quoique si proches voisines, forment entre elles une antithèse frappante. Si, dans la première, on jette un peu trop son bonnet par dessus les moulins, dans la seconde on enfonce un peu trop son bonnet de nuit sur ses oreilles. A moins d'être réellement malade et de n'avoir besoin que de repos, de silence et de soleil, on ne saurait se plaire à Menton; un être bien portant s'y cristallise dans un bâillement perpétuel.

Ventimiglia, lieu redoutable, même pour

les consciences pures de toute contrebande.
Douane, passeports, commissaire de police ;
l'innocence même se sent troublée ; on a toujours peur de ne pas être assez en règle ou de
ressembler à la photographie de quelque criminel signalé.

Nous avons peu de bagages ; une malle, où
tout est soigneusement encastré, une valise,
deux menus colis ; j'ai grand'peur qu'on ne me
mette tout en salade. Heureusement l'épreuve
se passe bien ; la promptitude de mon mari à
donner les clefs, et l'ingénuité de nos fronts
nous sauvent. Quelques questions, un rapide
regard, — et la craie marque nos bagages du
signe des élus.

Le train reprend sa marche et nous passons
bientôt au milieu des palmiers de la Bordighera.
L'origine du privilége que possède cette forêt
d'être la seule à fournir les palmes à Rome
pour le Dimanche des Rameaux est tellement
connue que j'hésite à te la raconter. On a tant
dit que le pape Sixte-Quint avait ordonné le
silence le plus absolu, sous peine de mort, pendant tout le temps que durerait l'érection de

l'obélisque en face de l'église Saint-Pierre. Bien qu'on eût employé près de mille ouvriers, deux cents chevaux et des treuils plus puissants que ceux mis en œuvre jusqu'alors, le monolithe ne se dressait point sur son piédestal. C'est alors qu'une voix forte cria à deux reprises : — « Mouillez les cordes ! » Le conseil fut suivi, et l'humidité produisit un tel effet sur les câbles que l'obélisque se dressa. Or, le conseiller fut retrouvé par les ordres du pape qui, pour récompenser sa sagacité et sa présence d'esprit, lui laissa le choix d'une faveur. Le brave homme, qui était un pêcheur de Bordighera, demanda l'autorisation de fournir les palmes au Saint-Père pendant la semaine sainte. Il obtint ce privilége pour lui et pour ses descendants, qui, devenus riches par ce fait, l'ont, dit-on, conservé jusqu'à nos jours.

Au sortir du long tunnel de San Ampeglio, nous apercevons la villa que vient de se faire construire M. Garnier, l'architecte du Grand-Opéra de Paris.

Nous ne faisons que plonger dans des tunnels ou franchir des torrents desséchés.

1.

Voici San Remo, qui se donne de grands airs depuis le séjour de l'impératrice de Russie. Beaux hôtels, quelques jolies villas, un grand édifice monumental qu'on appelle le palais Brera ; un ensemble banal et sans verdure.

Porto Maurizio, d'où viennent d'assez belles pierres lithographiques. De là, on court sur la station d'Oneglia, dominée par un bâtiment ayant une grande coupole centrale autour de laquelle rayonnent plusieurs corps de logis ; il y a de grandes fenêtres ; l'aspect général est assez gai ; ce n'en est pas moins une prison.

Après plusieurs stations peu importantes, nous voyons se développer la jolie baie de Savone. Indépendamment de ce point de vue, la ville nous charme encore par son buffet auquel nous aspirions depuis longtemps.

Vingt minutes d'arrêt : ce n'est pas plus qu'il n'en faut pour enlever les couches de suie que les cinquante tunnels ont laissées sur nos visages, et pour se réconforter un peu. La cloche annonce bientôt l'arrivée de deux trains ; il s'agit de ne pas manquer le nôtre ; nous prenons l'embranchement d'Alexandrie.

A cette reprise de notre voyage, nous entrons dans des plaines illustres ; chaque nom rappelle une bataille célèbre et évoque le douloureux souvenir des morts sacrifiés à l'ambition, et du sang qui a coulé dans ces vallées, aujourd'hui si fertiles et si riantes. Nous passons à Millesimo, à Dego ; nous longeons la Bormida di Spigno ; toutes ces contrées sont pittoresques et bien boisées. Voici la nuit qui vient, pleine de sérénité ; les étoiles paraissent plus brillantes, le ciel plus foncé. Tout-à-coup, nous passons au milieu d'un camp ; les tentes blanches, les feux scintillants à travers le feuillage produisent un effet très-poétique.

Une jolie fillette d'une quinzaine d'années monte dans notre compartiment, accompagnée d'un vieux grand'papa. Elle porte une corbeille pleine de raisins superbes et se met à en offrir aux voyageurs avec une grâce charmante ; aucun n'y résiste ; elle en paraît ravie.

Nous arrivons à Acqui : beaucoup de voyageurs y descendent. Puisse la nymphe de ces thermes célèbres leur enlever rhumatismes, sciatiques et autres maux ! Heureux ceux qui seront guéris par elle ! Plus heureux ceux qui, comme nous, n'ont pas à implorer ses faveurs!

Cette vaste plaine, qui s'étend à notre gauche, est le champ de Marengo, où la fortune de Bonaparte fut si bien servie par l'intelligence et la mort du brave Desaix.

A dix heures du soir nous entrions dans la gare d'Alexandrie. Dans cette première journée nous n'avions vu les pays qu'à vol d'oiseau, et rien d'intéressant n'était à consigner sur nos tablettes. Cette lettre doit s'en ressentir. Aussi, je la terminerai ici, remettant à demain mes impressions sur Pavie, et t'embrassant, pour l'instant, de tout mon cœur.

DEUXIÈME LETTRE

2me journée.
Mardi, 31 août (matin).

ALEXANDRIE. — PAVIE.

Notre hôtel est situé dans la rue Alexandre III, nom qui rappelle l'historique de la fondation de la cité, et reporte l'esprit vers cette époque troublée du XIIe siècle où la ligue lombarde bâtit à la hâte une ville de paille et de limon pour y enfermer et y défendre le pape Alexandre III, chassé de Rome par l'empereur Frédéric Ier. Aujourd'hui, c'est une cité bien paisible, régulièrement bâtie, mais sans monuments ni attrait artistique. Toute l'importance d'Alexandrie est dans son commerce et dans ses fortifications qui datent du commencement du XVIIIe siècle.

Nous demandons un thé à peu près complet,

et n'avons pas même la tentation de faire un tour dans la ville. A dix heures du soir tout est désert, comme ailleurs après minuit. Avant de me coucher, je mets un instant le nez à la fenêtre, et j'en ai assez. Et puis, j'ai bien sommeil. Je ne m'endors cependant pas aussi vite que je le voudrais, à cause de deux chats qui se sont donné rendez-vous sur le toit d'un hangar juste au-dessous de notre chambre. Leur conversation est des plus animées; et, pourtant, j'ai peine à croire à la sincérité de leurs sentiments; l'amour vrai — ce me semble — doit s'exprimer avec plus de discrétion. Quoi qu'il en soit, ils ont tant de choses à se dire que c'est à désespérer de pouvoir fermer l'œil. Tout-à-coup, un voyageur voisin, poussé à bout, exécute un plan hardi, qui restait chez moi à l'état de formation. Il ouvre subitement sa fenêtre et lance tout le contenu de son lavabo sur le Roméo et la Juliette fourrés, dont le duo s'éteint instantanément.

Grâce à cet acte énergique, je puis m'endormir, et ne fais qu'un somme jusqu'au lendemain.

Le train part à huit heures; n'ayant pas envie de séjourner à Alexandrie, nous le prenons. En passant, nous voyons les massives forteresses, bâties au commencement du siècle dernier par Amédée II.

Nous arrivons promptement à Pavie. Qui ne s'y rappellerait le fameux : — *Madame, tout est perdu, fors l'honneur.* — C'est grand dommage que ce billet ne soit qu'une légende historique, tout aussi douteuse que le mot de Cambronne. L'histoire, — cette grande menteuse, — compte beaucoup de nébulosités de ce genre. — «L'original de ce sublime écrit n'a jamais été retrouvé, dit Châteaubriand; mais la France, qui l'eût signé, l'a toujours considéré comme authentique. »

La phrase est sonore et peut faire de l'effet sur l'imagination d'un écolier; mais où est la vérité? où se trouve la philosophie de l'histoire? Et c'est sur des *racontars* de ce genre qu'on a érigé la réputation de François Ier, prince au fond très-étourdi, très-vaniteux, très-débauché, et qui, en dépit de sa foi de gentilhomme, si souvent invoquée, mentit presque aussi fréquemment (mais jamais avec autant d'habileté) que son rival Charles-Quint.

Pavie a l'aspect triste; l'herbe croît dans les rues et sur les places; mais l'ensemble a quelque chose d'original et de vieillot qui me plaît assez. Je n'aurai pas grand chose à te dire, car nous n'avons fait à Pavie qu'un séjour de quatre heures, dans l'intervalle de deux trains; mais ce peu de temps a été bien employé.

D'abord, nous avons pris une grande rue appelée *della Porta*, qui nous a fait traverser toute la ville et menés à l'extrémité sud jusqu'à un pont de bois couvert, jeté sur le Tessin. Au milieu se trouve une chapelle dédiée à saint Jean Népomucène, le martyr du secret de la confession, — tout comme à Prague, sur la Moldau. Ce pont joint la ville à un faubourg appelé Borgo Ticino, qui m'a paru assez important. Une espèce de foire qui s'y tenait ce jour-là a contribué à nous faire voir ce lieu sous un aspect plus gai; il y avait des baraques de bateleurs, des chevaux de bois tournants, des musiques en plein vent, et pas mal de monde à pied et en voiture, venu pour l'occasion de cette fête locale.

Nous revînmes sur nos pas, afin de visiter la cathédrale, qui, dit-on, date du XVe siècle. Un monument en marbre nous fut donné pour le tombeau de saint Augustin; on nous montra la lance du paladin Roland; mais l'un et l'autre ne sont guère authentiques. Le tombeau n'en est pas moins un remarquable spécimen de la sculpture du XVIe siècle, avec des bas-reliefs curieux de Bonino da Campione.

Plus curieuse que la cathédrale est la vieille église de San-Michele, qui porte son extrait de naissance dans les bizarreries de sa façade. Les singularités chères à nos ancêtres y abondent; les animaux les plus fantastiques, les allégories les plus étranges s'épanouissent dans des bas-reliefs qui prouvent l'enfance de l'art et la naïveté de la pensée beaucoup plus que la profondeur de la foi; car il n'y a rien d'édifiant dans ces monstres grotesques ; ici, des chimères grimaçantes ; là, des diables malins qui se tirent la queue ; plus loin, des dragons dévorants, des caricatures d'Adam et d'Ève, etc.

En somme, San-Michele appartient au style byzantin-lombard, et quelques archéologues croient pouvoir la faire remonter au VIe siècle.

De là, nous sommes allés visiter l'Université, qui est une des plus anciennes de l'Europe et l'une des mieux fréquentées de l'Italie actuelle. Le bâtiment est beau, avec une grande cour intérieure bordée d'arcades et ornée de bustes d'éminents professeurs qui ont enseigné dans ce lieu. De ce nombre le grand physicien Volta et le patient anatomiste Scarpa, fondateur d'un musée spécial qu'on dit être le plus complet de l'Italie. La Bibliothèque est, dit-on, très-riche ; nous n'avons pas eu le temps de la visiter, car il fallait encore trouver celui de dîner avant de reprendre le train.

C'est ce que nous fîmes dans un affreux petit restaurant où l'on nous servit très-mal, tout en nous faisant payer fort cher, — avec cette singularité que nous devions d'ailleurs retrouver en Italie, qu'on nous apporta le potage avec le dessert. En retournant à la gare, nous fîmes des détours pour voir les façades des palais Brambilla et Malaspina, — ce dernier illustré, dit-on, par un séjour de Pétrarque.

Ce court passage à Pavie avait suffi pour nous donner une idée de la vieille cité lombarde, et nous laisser d'elle une impression agréable.

A une heure, nous partions pour la Chartreuse de Pavie.

TROISIÈME LETTRE

LA CHARTREUSE DE PAVIE.

Parmi les usages de ce prétendu bon vieux temps que quelques-uns préconisent encore de bonne foi et regrettent peut-être, il en était un qui, à lui seul, donne la mesure de la vertu de l'époque. C'était l'avantage de pouvoir racheter ses péchés à prix d'or. Les grands de la terre, se faisant un Dieu à leur image, le croyaient capable de laisser fléchir sa justice devant l'offre de cadeaux somptueux. Quelques bons impôts supplémentaires, levés sur les populations, avaient bien vite mis la conscience d'un souverain en règle avec le Tout-Puissant. Il bâtissait, avec le produit de ces taxes, des églises et des monastères, et se retrouvait par là en état de grâce. Un parent faisait-il attendre trop longtemps un héritage convoité? Quelques collatéraux gênaient-ils les espérances? On supprimait simplement, par le fer ou le poison, tout ce qui pouvait faire obstacle : on héritait grassement ; puis, pour calmer ses scrupules, on faisait des fondations pieuses ; après quoi, on pouvait dormir du sommeil du juste, en attendant qu'on fût enseveli dans un splendide mausolée, avec une inscription fastueuse.

Je faisais justement ces réflexions au sujet de la Chartreuse de Pavie, me rappelant avec peine que le fondateur de cette basilique est un prince souillé de crimes , Jean-Galéas Visconti, qui crut expier ainsi les assassinats qu'il avait commis sur son oncle Bembo et sur quelques cousins.

Ses remords devaient être grands, — à en juger par l'emplacement qu'il fallut pour les couvrir. — La Chartreuse est située dans une vaste plaine, et son église, ses cloîtres et leurs dépendances occupent un terrain suffisant pour un grand village. Par l'effet de cette platitude du terrain et des bois qui le couvrent, le monastère ne se voit pas d'avance; on ne l'aperçoit qu'après avoir fait le tour d'un mur d'enceinte dont la longueur semble interminable. Cette muraille seule, bâtie en briques et très-élevée, a dû coûter cher.

Un silence solennel entoure la *Certosa di Pavia*. Absence complète de tout ce qui peut rappeler la présence de l'homme; en revanche, des chants d'oiseaux, des murmures d'eaux courantes, des bruissements de feuillages, et, de temps en temps, le tintement argentin de la cloche sacrée, dominant mélancoliquement toutes ces harmonies de la nature et montant droit au Ciel.

Il y a peu de temps encore, l'entrée de la Grande Chartreuse se serait fermée devant moi, et, à l'exception de la grande nef de l'église, seule permise aux femmes, je n'aurais rien pu voir. Mais, depuis les derniers changements politiques survenus en Italie, l'ordre de saint Bruno s'est vu déposséder, comme tant d'autres, et ces beaux cloîtres ne sont plus qu'une immense solitude, où errent, comme des ombres, sept ou huit religieux qu'on y a laissés au jour le jour pour garder les clefs, en attendant que le gouvernement italien ait statué sur la destination qu'il voudra donner à ces pieux bâtiments.

On entre dans une belle cour d'honneur qui a une centaine de mètres de long et on voit alors tout d'un coup la magnifique façade de l'église et ses dix clochetons si merveilleusement travaillés. Un mois de visites quotidiennes suffirait à peine pour se rendre bien compte des ciselures et des mosaïques qui ornent cette façade; c'est une multitude de détails qui se perdent dans l'ensemble. Je me suis amusée à les revoir depuis, en les observant à la loupe sur une bonne photographie, et je me suis émerveillée de la patience pieuse et de l'humilité vraiment chrétienne de ces artistes qui jetaient ainsi à pleines mains les fleurs de leur imagination, sans songer à frapper les yeux, sans se soucier d'être appréciés, connus et renommés parmi les hommes , satisfaits d'exercer leur talent pour Dieu seul !

Le plan de la Chartreuse est attribué à

l'Allemand Heinrich von Gmunden, que les Italiens appellent plus euphoniquement Enrico da Gamodia; mais bien des architectes ont dû travailler à une œuvre si longue et si compliquée. Les principales sculptures sont d'Ambrogio da Fossano.

A l'intérieur, l'église est divisée en trois nefs; elle est en forme de croix latine surmontée d'une coupole centrale. De chaque côté sept autels, — sept chefs-d'œuvre de patience et d'art. L'imagination est étonnée d'une telle profusion de richesses. Les incrustations de pierres précieuses et les travaux d'orfévrerie m'ont rappelé le monastère de Troïtza, près de Moscou, que j'avais visité en 1866 et où j'étais demeurée interdite à la vue des pierreries et des dorures. Je dirai qu'à la Chartreuse, les richesses sont moins brutes; l'art les y met davantage en œuvre et en rehausse le prix; l'homme y a mis plus de son âme, plus de son cœur, plus de son sentiment religieux. Cependant, à tout prendre, j'aime mieux voir dans une église de beaux tableaux, de nobles statues, véritables ex-voto du génie humain qu'une accumulation de pierres multicolores qui ne représentent guère que des monceaux d'or. Tels lapis-lazulis, tels diamants, tels rubis valant des millions et étalés sur quelques pieds carrés, ne me produisent pas grand effet. La pensée me vient même que ce sont là des richesses perdues, et qu'avec leur produit on soulagerait facilement des légions de pauvres, d'infirmes et de malades, comme ceux que le bon saint Laurent appelait les vraies richesses de l'Eglise.

Si l'éclat des pierreries me laisse froide, il n'en est pas ainsi des tableaux ; je me suis sentie touchée par certaines peintures d'un caractère très-religieux. Il y a quelques Pérugins. Ils sont un peu raides ; mais j'aime ces compositions simples, ces fronts placides, ces teints pâles auxquels va si bien le nimbe des bienheureux. Quelques fresques de Borgognone sont assez bien conservées, entre autres celle de la Chapelle Saint-Bruno qui représente la famille Visconti présentant à la Vierge le plan de la Chartreuse. C'est aussi de ce côté que se trouve le mausolée du fondateur, — un fort

beau travail. Dessiné en 1490 par Pellegrini,
il fut interrompu ou mal suivi pendant plus de
soixante et dix ans, ce qui produisit un effet
bien étrange. Imagine-toi que, lorsque le tombeau fut terminé, pas un moine de la généra-
tion actuelle ne savait dans quel lieu on avait
déposé provisoirement le corps de Jean Galéas;
nul papier ne l'indiquait; de sorte que, par un
singulier hasard, qui pourrait bien s'appeler
ici une justice divine, le criminel Visconti subit
le sort des méchants Pharaons qu'on n'enseve-
lissait point dans les tombeaux élevés à grands
frais par leur orgueil.

Ceci nous fut raconté par le religieux qui
nous faisait visiter ces saintes curiosités. Lui-
même en était une; ce blanc costume des chartreux, sa tête complètement rasée, sa longue
barbe noire, ses traits réguliers et tout-à-fait
italiens formaient un ensemble bien frappant.
Il s'exprimait en bon français et parlait aussi
l'anglais avec des visiteurs de cette nationalité
qui s'étaient joints à nous. Son air de bonne
humeur me surprit. On ne peut pas s'imaginer
que des gens assujettis à une règle si austère,
qui se relèvent chaque nuit pour prier et qui

creusent leur propre tombe, puissent vous parler le sourire aux lèvres. L'amour de Dieu, la sainte abnégation et la douce charité embellissent ces sombres existences.

Ce religieux nous fit remarquer bien des détails qui, sans lui, nous auraient certainement échappé; il nous signala les stalles du chœur du maître-autel, plusieurs belles fresques de Crespi, et, dans l'ancienne sacristie, une porte de marbre superbe et un triptyque en ivoire admirablement sculpté qui retrace, en une quantité de petits tableaux, la suite des épisodes bibliques. C'est un travail merveilleux qu'il faudrait pouvoir examiner à loisir; ne pouvant le faire sur l'heure, je m'en suis procuré une belle photographie.

Nous passâmes ensuite dans le lavoir des moines, également fermé par une très-belle porte de marbre; il s'y trouve des cuves, aussi en marbre, surmontées de robinets; plus une urne et un bassin richement ciselés. L'eau provient d'un puits situé dans le lieu même et dont le chartreux nous fit goûter l'eau pure et fraîche.

Nous vîmes aussi les cloîtres, dont l'un,

plus petit, est entouré d'arcades d'un style très-élégant dont les tympans et les archivoltes sont ornés de bas-reliefs en terre cuite. L'autre, très-grand, est dans le même caractère ; tout autour s'ouvrent les cellules, — maintenant vides, — des moines. Nous pénétrâmes dans l'une d'elles, où il y avait encore un atelier de tourneur, témoignant de l'assidu travail de son dernier occupant.

Faute d'avoir suivi un ordre dans mon énumération, je vois que j'ai oublié bien des choses ; je ne t'ai pas parlé du merveilleux tabernacle du grand autel, ni des mausolées de Louis le More et de Béatrix d'Este, son épouse, par Christophe Solari, dit le Gobbo.

Je ne t'ai pas mentionné la nouvelle sacristie dans laquelle François 1er se fit conduire le soir de sa bataille perdue pour y faire sa prière. Cette oraison devait être, ce me semble, un acte de contrition bien senti pour tous les maux dans lesquels sa chevaleresque folie venait de plonger la France.

Il aurait pu, encore, prendre au pied de l'autel la résolution de se sacrifier noblement

2.

pour son peuple, — d'abdiquer en faveur de son fils, afin de ne pas donner à Charles-Quint la gloire de traîner après lui un roi de France captif; — mais la Chartreuse de Pavie n'inspira au prince vaincu que des sentiments d'humilité exagérée; car, en sortant de ce lieu de prière, le soir même, il écrivit à Charles-Quint une lettre dont l'autographe est conservé, ce qui la rend, malheureusement, plus authentique que le billet écrit à la reine-mère. Le captif n'y parle point de ce qui aurait dû le préoccuper le plus au point de vue de l'honneur; il offre simplement de renoncer à Naples et au Milanais, de payer une forte rançon, et termine par ces mots obséquieux :

« Par quoi, Sire, s'il vous plaît d'avoir cette honnêteté et *cette pitié* pour moi, vous pouvez faire un acquêt, et, au lieu d'un prisonnier inutile, vous aurez en moi un roi qui sera à jamais *votre esclave.* »

Un égoïsme honteux se révèle dans cette lettre, qui jette le plus triste jour sur l'âme de François Ier. A mes yeux, cela lui enlève pour jamais son surnom de roi gentilhomme. Charles-Quint dut bien rire ce jour là. On le sent d'ailleurs, ce rire insultant et contenu, dans la réponse à la fois hautaine et hypocrite dont il paya ce message.

Toutes ces choses me revenaient en mémoire en visitant la Chartreuse. Il était six heures quand nous en sortîmes. Nous repassâmes par cette grande plaine boisée qui fut le champ de bataille de 1525, et nous allâmes faire un repas sommaire dans une petite auberge située près de la station. On nous servit sous une treille, en compagnie de personnes qui avaient aussi visité le monastère, et avec lesquelles nous échangeâmes quelques réflexions. J'y bus pour la première fois de la bière de Chiavenna, qui me parut assez bonne.

Nous finissions à peine que le train fut signalé. On se précipita dans la petite gare et, de là, on ne fit qu'un saut en wagon.

A neuf heures nous arrivions à Milan.

L'aspect de la ville était si gai, sous les feux des becs de gaz, que nous avions bonne envie de nous promener un peu, dans ces rues lumineuses et animées que l'omnibus de la pen-

sion suisse venait de nous faire traverser ;
mais, en y réfléchissant, il était plus raison-
nable de remettre notre plaisir au lendemain.
Notre journée avait été fatigante ; le matin, Pavie ; l'après-midi, la Chartreuse, où nous
étions restés fort longtemps sur nos pieds, li-
vrés à une admiration continue qui laisse un
certain vertige dans la tête. Sur ce sage proverbe : *Qui veut voyager loin ménage sa mon-
ture*, on s'endormit.

QUATRIÈME LETTRE

3ᵐᵉ journée.
Mercredi, 1ᵉʳ septembre (matin).

PREMIÈRE JOURNÉE A MILAN. — INTÉRIEUR DE LA CATHÉDRALE.
GALERIES VICTOR EMMANUEL. — JARDINS PUBLICS.
EGLISE SAN-AMBROGIO.

Il faisait bien beau temps le lendemain matin ; pas trop de chaleur pour la saison et le superbe soleil qu'il nous fallait pour voir Milan dans tout son éclat. Remplaçons vite notre poussiéreux costume de voyage par une toilette plus convenable ; il faut se présenter proprement dans cette cité élégante et gracieuse que déjà, au XVIᵉ siècle, Montaigne trouvait *fort ressemblante à Paris;* déjeûnons promptement et empressons-nous de sortir. A une centaine de pas de chez nous, dans la rue Rastrelli, nous trouvons l'Hôtel des Postes. En y entrant, nous constatons du premier coup, un perfectionnement qui serait bon à établir en France. Une vaste pièce, située à droite, avant d'entrer dans la cour vitrée où se font les distributions et les services, est préparée pour la correspondance; on y trouve tout ce qu'il faut pour écrire; cela me semble très-commode pour les voyageurs de passage, les gens affairés, les cas pressés. Moi, j'en profite tout de suite pour expédier une lettre à ma mère.

Des Postes, nous gagnons la place du Dôme et nous avons pour la première fois la vue de cette magnifique église qui, de même que certaines gens, n'est jamais flattée par ses photographies. Nous montons le majestueux perron et nous entrons par le portique du milieu.

La Fontaine a fait, en forme d'introduction à l'une de ses fables, une petite charge contre les gens qui ont le goût difficile. On en trouve beaucoup d'applications. Bien des critiques minutieux semblent avoir pour principale occupation de troubler leur plaisir et celui des autres. La cathédrale de Milan a exercé leur verve, et le sévère Scamozzi, entre autres, dit carrément que « la conception est mauvaise, la correspondance des parties manquées et que le Dôme, n'est, en somme, qu'une montagne de marbre taillée à jour. » Je me rappelais justement cette grosse critique, lue peu de jours auparavant, et j'étais fort disposée à m'en laisser influencer. Cependant, ma chère amie, à peine entrée dans la cathédrale de Milan, je me sentis saisie d'une telle admiration et d'un sentiment religieux si profond que je fus incapable d'y trouver une imperfection. Cette voûte superbe, soutenue par cinquante deux colonnes, séparant l'intérieur de l'église en cinq nefs, correspondant à chacune des cinq belles portes d'entrée, la lueur mystérieuse tamisée par les vitraux, — produisent un effet grandiose incomparable. On se dit avec émotion : — Oui, c'est bien ici la maison de Dieu ; c'est bien le parvis du Ciel !

Les Italiens et les Allemands se disputent l'honneur d'avoir dessiné le plan du Dôme. Au fond, *chi lo sà?* Quelques-uns l'attribuent à ce Gmunden ou Gamodia, dont je te parlais hier comme architecte de la Chartreuse de Pavie. D'autres citent des Italiens. Ce qu'il y a de certain, c'est que des étrangers ont été appelés à différentes époques à Milan, et notamment en 1486, par Jean Galéas Visconti qui en fit venir de Strasbourg. Le bon duc tenait à se présenter aux portes du paradis avec une église dans chaque main; la Chartreuse à gauche, le Dôme de Milan à droite.

Je ne prétends pas le décrire l'intérieur de cette splendide basilique ; bien des choses m'ont échappé, hélas ! car il faudrait des mois pour prendre une idée complète de toutes les belles choses qui y sont enfermées.

A gauche, en entrant, sont les fonts baptismaux, — une vaste cuve de porphyre, provenant des Thermes de l'empereur romain Maximin Hercule. On y pratique encore le baptême par immersion, rite aboli chez tous les autres peuples catholiques latins. Il est bizarre que Milan ait conservé cet usage comme chez les Grecs. Je l'ai vu bien souvent pratiquer en Russie, avec une véritable pitié pour les pauvres petits qu'on plongeait dans une eau glacée; cela me faisait l'effet d'une épreuve à la Spartiate, tuant d'un seul coup les tempéraments faibles et prémunissant les autres contre les rhumatismes de l'avenir.

Au dessus de la porte du milieu j'ai remarqué deux colonnes monolithes de granit, qui soutiennent une galerie ornée de deux belles statues, représentant saint Charles et saint Ambroise, les deux patrons de Milan.

Comme dans beaucoup d'églises italiennes, il y a deux chaires, placées en face l'une de l'autre, au pied des grands piliers qui soutiennent la coupole; elles sont d'un beau travail; il faut remarquer les cariatides, d'un côté les Évangélistes par Brambilla; de l'autre des Pères de l'Église par Busca. Mais, si belles que soient les chaires italiennes elles ne valent pas les merveilles de bois sculpté que nous avons vues en Belgique. Te souviens-tu de nos admirations devant l'Adam chassé, que représente la chaire de Sainte-Gudule à Bruxelles, et, surtout, devant la pêche miraculeuse de la cathédrale d'Anvers?

Les orgues, doubles aussi, sont placées dans

le chœur et garanties par des volets couverts
de belles peintures. Nous avons admiré les bas-
reliefs de l'enceinte du chœur, le maître-autel,
qui est d'un grand style, et, derrière lui, les
trois grandes fenêtres de l'abside, dont les
vitraux modernes me semblent aussi beaux
que ceux du moyen-âge ; il y a cent quarante-
quatre compartiments, retraçant chacun une
scène biblique. La couleur et le dessin me semblent également réussis, et la lumière du jour
passant au travers, produit un effet doux et
mystérieux.

La chapelle de la Vierge, à gauche du maître-autel, est fort jolie ; elle est enrichie de
nombreux ex-voto et ornée d'un beau candéla-
bre à sept branches, appelé l'arbre de Marie.

De l'autre côté, à droite, se trouve l'autel de
la Présentation dont le retable est richement
sculpté ; on aurait pu se dispenser de placer
tout auprès cette hideuse statue de saint Bar-
thélemy écorché, qui serait beaucoup mieux
dans un cabinet d'anatomie. Le sculpteur était
peu modeste, d'après l'inscription qu'il a gra-
vée sur le piédestal : *Ce n'est point Praxitèle,*

c'est Marcus qui m'a fait. Inutile de le dire ; personne ne s'y serait trompé. Praxitèle n'aurait jamais eu l'idée de sculpter une Vénus écorchée : il savait que, dans des sujets de cette nature, le mieux réussi est toujours le plus affreux.

En finissant de voir ce que je viens de te décrire, nous sommes allés nous appuyer sur la balustrade circulaire qui, placée devant le chœur, éclaire la partie de la crypte où se trouve le tombeau de saint Charles Borromée ; mais, préférant voir l'église en plusieurs fois, nous remîmes cette pieuse visite au lendemain et retournâmes sur la place du Dôme.

On achevait de la régulariser ; les dernières constructions allaient être débarrassées de leurs échafaudages, et le dégagement permet d'admirer les belles proportions de la cathédrale. Les architectes du moyen âge qui élevaient de somptueuses basiliques, sculptées de la base au faîte, auraient bien dû empêcher de les étouffer sous de pitoyables masures ; l'air, l'espace, la perspective ne manquent plus à nos monuments modernes : cela nous paraît même si simple, au point de vue de l'art comme à celui de la salubrité, que nous ne comprenons pas qu'il ait fallu des siècles pour en venir là.

Sur la place passait en ce moment une compagnie de carabiniers. Gentils soldats, très-jeunes, de taille moyenne et qui n'ont pas du tout le type que nous donnons à des militaires.

L'uniforme est joli. Très-joli aussi, celui de deux officiers de cavalerie qui traversent en ce moment la place pour se rendre aux galeries Victor-Emmanuel.

Nous y entrons après eux. Rien de plus beau que ce passage; ceux de Paris ne peuvent lui être comparés; c'est vaste, c'est élégant, c'est surtout artistique. La forme est celle d'une croix dont le centre est surmonté d'une coupole. Les beaux magasins aux riches étalages sont les moindres ornements de ces galeries; ce qui leur donne un très-grand caractère, c'est une première rangée de statues d'hommes célèbres et une seconde de cariatides. Le rond-point, sous la coupole, est orné de quatre belles fresques représentant les parties du monde.

Les galeries font communiquer la place du Dôme avec celle de la Scala. Cette dernière n'est pas très-grande, bornée d'un côté par le célèbre théâtre, des autres par de belles maisons et ornée d'un petit square au milieu duquel s'élève une belle statue de Léonardo da Vinci; le piédestal est soutenu par quatre élèves du grand peintre; l'effet serait meilleur s'il y avait plus d'espace.

La façade du théâtre de la Scala n'a rien de remarquable; mais, par les bâtiments qui se prolongent dans la rue San-Giuseppe, on peut juger de la profondeur de la scène. Il est fâcheux pour nous de trouver ce théâtre fermé pendant notre passage à Milan; j'aurais bien aimé y voir un opéra ou un ballet dans le style tout-à-fait italien. On offre de nous faire visiter la salle aux flambeaux; mais qu'est-ce qu'une salle de spectacle sans les lumières, le monde, les parures, les artistes, sans tout cet enchantement des yeux et des oreilles qui en fait un monde idéal? — On visite aux flambeaux les grottes de Wielickza ou d'Antiparos; mais un théâtre! En tout cas, nous demandons à réfléchir avant de céder aux sollicitations du concierge.

D'ailleurs notre plan pour aujourd'hui est de visiter le musée de Brera, et de faire, en attendant l'heure de son ouverture, un tour qui puisse nous donner une idée générale de la ville. En conséquence, nous retournons à la place du Dôme, où nous prenons une voiture, et nous nous fions au cocher pour nous conduire aux plus beaux endroits.

Il nous introduit tout d'abord dans la rue appelée Corso Vittorio-Emanuele, la rue Vivienne de Milan. Beaucoup de beaux magasins; nous remarquons, à gauche, le péristyle de l'église San-Carlo, et, à droite, en arrivant près des jardins publics, le beau palais Busca ou Serbelloni, dont la façade est ornée de statues.

Notre cocher ne serait pas italien s'il ne nous indiquait pas, avec un air de fierté, la statue du comte Cavour, érigée à l'entrée des jardins publics. Elle fut inaugurée le 5 juin 1865, jour anniversaire de la veille de la mort de ce grand homme d'État.

Nous descendons pour la voir de plus près,

et nous entrons à pied dans les jardins. Les massifs, les allées, les pelouses me paraissent bien dessinés; mais, à l'exception de quelques allées de beaux marronniers et de quinconces, au milieu desquels se trouve la Villa Réale, les plantations sont toutes nouvelles; une rivière artificielle coule coquettement au travers, en formant un soupçon de cascade et embrassant une île lilliputienne où la statue d'un poète rêve dans la verdure. Des cygnes aristocratiques y glissent en étalant leur plumage neigeux, tandis que des flotilles de petits canards réjouis les suivent à distance respectueuse. Plus loin, un gros pélican, l'air infatué de sa laideur, nous regarde du haut d'un rocher artificiel.

Cette promenade nous distrait et nous repose. Bien qu'il n'y ait pas grand monde dans les jardins à cette heure, nous admirons la grâce de quelques dames milanaises, accompagnées de beaux enfants. Rien de plus joli que la manière dont elles jettent sur leurs cheveux, séparés de côté, un voile de dentelle noire; c'est à la fois modeste et coquet, élégant et simple: la beauté en est rehaussée; les plus faibles attraits y trouvent leur compte. Jusque dans les calèches et les landaus, on voit cette charmante coiffure nationale, bien préférable aux chapeaux parisiens et qui s'allie parfaitement à la plus riche toilette.

En sortant des jardins, notre cocher nous reprend et nous transporte à une autre extrémité de la ville, à l'ouest, pour y visiter l'église San-Ambrogio, qui est, nous dit-il, une des plus anciennes de la ville. Elle rappelle, en effet, de grands souvenirs historiques. C'est à l'une de ses portes en bois de cyprès que saint Ambroise s'opposa à l'entrée de l'empereur Théodose, coupable d'avoir ordonné le massacre de Thessalonique. C'est dans ce parvis qu'Augustin, éclairé par la grâce divine, abjura ses erreurs aux pieds de ce même saint Ambroise, aussi miséricordieux au pénitent qu'inflexible au pécheur.

San-Ambrogio est vraiment une église curieuse; c'est de la véritable antiquité; malheureusement, de maladroites restaurations sont en train de la gâter et d'y produire des bizarreries choquantes. On y voit un grand nombre de bas-reliefs, de bustes et de pierres tombales qui datent des premiers siècles de l'ère chrétienne : la chaire est fort curieuse ; elle est posée au-dessus d'un tombeau apocryphe de Stilicon, et assez longue pour que le prédicateur y puisse exécuter une véritable promenade. Le sacristain accourut pour nous faire les honneurs du lieu ; nous aurions fort bien vu sans lui les bas-reliefs de la chaire qui représentent la Cène, mais il tenait fort à nous lever le volet qui cache aux yeux profanes ou, pour mieux dire, aux yeux *non payants*, le *paliotto* du maître autel ; c'est un curieux travail d'orfévrerie, remontant, nous dit-il, au IXe siècle. Après l'avoir précipitamment recouvert, dans le but d'en dérober la vue gratuite à d'autres étrangers qui entraient en ce moment et dont il espérait une nouvelle pièce de cinq francs, le sacristain nous fit remarquer dans la nef du milieu une colonne de porphyre surmontée de quelque chose d'assez tortillé. — C'est, nous dit-il avec un grand sérieux, le fameux serpent d'airain que Moïse éleva dans le désert ; il doit pousser un sifflement aux approches de la fin du monde. — Je ne sais s'il croyait cette sotte

légende : en tout cas, rien ne m'afflige comme
ces superstitions à tort et à travers, qui font
un tort réel à la vraie foi. La sottise ou l'intérêt
les invente, la crédulité les adopte, le sens
commun en hausse les épaules, et le sentiment qui y trouve son compte est le contraire
de la piété.

Ce qui vaut mieux que le serpent d'airain,
ce sont quelques bonnes peintures. Je vois
pour la première fois des œuvres de Bernardino
Luini, un maître milanais à peu près inconnu
en France, et dont je savais à peine le nom. Il
est du XVIe siècle, et quelques-uns le croient
élève de Léonard de Vinci : de fait, il s'est tellement assimilé la manière du grand peintre
toscan que, pour plusieurs tableaux importants, la paternité entre Vinci et Luini est restée douteuse. A San-Ambrogio le martyre de
saint Georges est bien signé Luini.

J'aurai l'occasion de te reparler de ce peintre,
dont nous avons vu beaucoup d'œuvres. Mais
je termine ici cette lettre déjà longue, et je
remets à une autre le récit de notre visite à
Brera.

CINQUIÈME LETTRE

3me journée.
Mercredi, 1er septembre (soir).

SUITE DE LA PREMIÈRE JOURNÉE A MILAN. — MUSÉE DE BRERA.
SANTA MARIA DELLE GRAZIE. — LA CÈNE.

Nous croyions ne connaître personne à Milan ; mais nous n'avions pas fait cent pas dans la rue San-Giuseppe, qui conduit de la place de la Scala au Musée, que nous rencontrons une de nos connaissances de Nice. Le professeur Alezzi, qui a fait chez nous, il y a deux ans, une saison d'hiver fort brillante et donné des concerts dont notre meilleur monde conserve un excellent souvenir. Très-bonne rencontre, tu le vois. Ce brave garçon fut charmé de nous voir ; il nous rappela, avec une bonne grâce qui nous toucha d'autant plus qu'elle est fort rare, les petits services que nous lui avions rendus lors de son séjour à Nice, les connaissances que nous lui avions fait faire et l'intérêt que nous avions pris à ses succès. Il avait actuellement une bonne position à Milan et allait se marier sous peu avec une cantatrice de talent. Ces premières explications données, il s'offrit pour nous accompagner à Brera, et nous piloter dans Milan, assurant, avec une cordialité dont la franchise n'était pas suspecte, que ce serait un plaisir pour lui. Quant à nous, c'était une bonne fortune et nous acceptâmes avec beaucoup de satisfaction.

On entre au Musée par une vaste cour entourée de deux rangs d'arcades, soutenues par de doubles colonnes. Au milieu un César de bronze, laurier au front, la Victoire au poing, comme un fauconnier d'un nouveau genre, se présente vêtu d'une simple chlamyde flottante. C'est un des nombreux Napoléons qu'a faits Canova.

Le palais de Brera n'est pas seulement un Musée ; il renferme aussi l'École des Beaux-Arts, le Gymnase, l'Observatoire et une Bibliothèque. Nous nous bornerons à visiter la galerie de tableaux, qui est au premier étage. C'est une succession de belles et de vastes salles qui me paraissent fort bien éclairées; on y a jeté, çà et là, des pliants portatifs qui sont bien commodes pour reposer l'observateur.

Le premier objet qui frappe ma vue dans la première salle, c'est, en entrant, à droite, une fresque effacée représentant la Cène. Ce n'est point, comme on pourrait le croire, l'original de Léonard de Vinci; mais une des premières copies, exécutée, je crois, par Marco d'Oggione, un de ses meilleurs élèves. Les yeux se consolent en s'arrêtant en face sur la copie de Rossi qui donne une idée de ce que devait être le chef-d'œuvre à peu près détruit que nous irons voir après, dans le réfectoire du couvent de Santa Maria delle Grazie.

J'aurais voulu t'avoir avec moi dans cette visite à Brera; ton goût m'aurait fait jouir doublement. Il y a de bien belles choses; mais que signifierait une froide énumération? J'ai surtout admiré la Vierge aux Saints et aux Anges du Dominiquin, le saint Jérôme du Titien et la célèbre toile de Raphaël connue sous le nom du *Spozalizio* ou mariage de la Vierge.

Ce dernier tableau, d'une finesse extrême, ne fait pas pressentir les hardies conceptions que le grand artiste devait avoir plus tard, en abordant sa seconde et sa troisième manières. Ce placide Spozalizio ressemble à un Pérugin. L'artiste, qui n'avait alors que vingt ans, copie son maître ; les quatre femmes de son tableau n'ont qu'une parenté bien lointaine avec la Fornarina et les Madones qui nous apparaîtront plus tard. La composition offre des détails bizarres et ces anachronismes complets entre le sujet et les costumes dont abondent les peintures des XVe et XVIe siècles ; l'inspiration se ressent de certaines légendes prises dans des Évangiles apocryphes. On voit dans le Spozalizio les prétendants évincés de Marie rompre leurs branches qui n'avaient pas fleuri, comme celle de Joseph, désigné par ce signe miraculeux.

Il y a aussi à Milan plusieurs Tintorets et Véronèses ; mais je me réserve de te parler de ces peintres quand j'en serai à Venise, où l'on voit leurs plus belles œuvres. La célèbre danse des Amours de l'Albane est dans une des salles de Milan; mais j'avoue que ce tableau vanté m'a produit peu d'effet. On a tant peint d'Amours, roses, potelés et gambadants! Un artiste les copiait avec beaucoup de talent, et, non loin de là, un autre reproduisait aussi la grande toile de Ferrari, représentant le martyre de sainte Catherine, composition nombreuse et tragique, mais un peu plate.

Beaucoup de fresques du peintre Luini : quelques jolies toiles de Marco d'Oggione, entre autres Adam et Ève. Les salles consacrées aux cartons des grands maîtres demanderaient une étude approfondie. Obligés de passer beaucoup trop vite au milieu de ces trésors, nous remarquons cependant deux études de Michel-Ange, quelques esquisses de Raphaël, des cartons de Léonard de Vinci et jusqu'à quelques petites caricatures que ce dernier maître fit en se jouant.

Outre les tableaux du Musée municipal, Brera offrait en ce moment une exposition d'œuvres de peintres et de sculpteurs vivants ; cette seconde partie de notre visite m'intéressa beaucoup aussi. La peinture m'a paru pleine d'éclat et de fraîcheur : mais elle frise un peu trop la gravure de modes ; c'est l'écueil *du genre* de nos jours. La sculpture m'a semblé encore plus remarquable.

En revenant de Brera, nous sommes allés visiter Santa Maria delle Grazie, église située près de la porte Magenta. L'intérêt principal de cette visite était de voir les précieux restes de la Cène de Léonard de Vinci, qui se trouvent dans l'ancien réfectoire du couvent.

Cette belle œuvre était, dit-on, le rêve de François Ier : il voulait l'avoir à Fontainebleau, et plût au ciel qu'il eût exécuté ce désir ! La fresque aurait peut-être subi moins de vicissitudes. Le premier de ses malheurs fut d'avoir été peinte sur un mur préparé avec un si mauvais enduit qu'au bout d'une quarantaine d'années le tableau s'écaillait déjà : les moines du couvent de Santa Maria delle Grazie, pour qui ce beau travail avait été exécuté en six années, eurent les premiers le tort d'en prendre trop

peu de soin; on nous raconta qu'indépendamment de l'humidité du mur et de la fumée de la
cuisine qui commencèrent à abîmer le tableau,
il fut stupidement mutilé en 1652, époque où
l'on eut la belle idée de couper les jambes du
Christ et de quelques apôtres voisins pour
hausser la porte du réfectoire. Des restaurations maladroites achevèrent de gâter la fresque, et, finalement en 1796, les soldats français, ayant fait du réfectoire un grenier à foin,
s'amusèrent à tirer à la cible sur le peu qui
restait des Apôtres.

En revenant de cette espèce de pèlerinage
artistique, nous sommes allés dîner à notre
hôtel; après quoi, nous nous sommes retrouvés
avec M. Alezzi pour achever la soirée au café
Fumagalli, sous la rotonde des galeries Victor-
Emmanuel. C'était plaisir d'écouter un joli
concert en parcourant les journaux italiens et
français et suivant du regard la foule d'étrangers qui circulait dans ce beau passage; on
entendait parler toutes les langues; en vérité,
le mois de septembre est un de ceux pendant
lesquels on voyage le plus.

C'est assez amusant de voir allumer la rampe de gaz qui illumine la coupole. Une petite machine roulante porte la mèche allumée tout autour du cintre et enflamme tous les becs. Il y a certainement de quoi justifier tous les nez qui sont en l'air.

En somme, nous rentrâmes à la Pension suisse vers onze heures, bien satisfaits de notre première journée à Milan.

SIXIÈME LETTRE

4me journée.
Jeudi, 2 septembre.

DEUXIÈME JOURNÉE A MILAN. — CRYPTE DE LA CATHÉDRALE.
SACRISTIES. — LES ARÈNES. — L'ARC DU SIMPLON.
LE THÉATRE RÉ.

Notre première visite aujourd'hui sera pour la crypte qui renferme le tombeau de saint Charles Borromée. Ce bienheureux est un de ceux dont la gloire, due tout entière à l'exercice de la charité, me touche le plus. J'ai toujours préféré les saints qui ont été très-bons à ceux qui ont été très-grands ; les actes de dévouement prennent mon cœur mieux que les plus sublimes écrits.

Charles Borromée était excessivement bon, et c'est pourquoi je le mets sur le même rang que François de Sales, son contemporain, et

Vincent de Paul, le héros de charité qui vint plus tard. Fils d'une illustre et opulente maison d'Italie, alliée aux Médicis, Charles Borromée semblait destiné à une vie de plaisir, d'ambition et d'éclat; mais la grâce divine emplit son cœur dès sa plus tendre jeunesse, et il eut une vocation tout autre. Dans un temps où, trop souvent, un fils de famille n'entrait dans les ordres que pour y trouver des avantages d'honneur et d'argent, le jeune Charles ne vit dans la destinée du prêtre que la partie de dévouement et d'amour. Avec quelle abnégation, laissant de côté les luttes oratoires dans lesquelles il aurait si bien pu briller, (comme il avait commencé à le faire au Concile de Trente) il se démit de toutes ses charges, dès qu'il fut nommé archevêque de Milan, afin de se consacrer exclusivement à son diocèse! C'était une grande tâche, car de graves abus s'étaient introduits dans le clergé milanais. Charles Borromée l'accomplit par sa douce fermeté, sa sage administration, et, surtout, par l'autorité de ses œuvres exemplaires. Cette entreprise faillit lui coûter la vie: l'or-

dre des Humiliés, un de ceux qui, à cette époque de trouble moral, avait le plus dégénéré de
son titre, — irrité des réformes auxquelles le
saint prélat le voulait soumettre, tenta de le
faire assassiner. Charles Borromée, sauvé pro-
videntiellement, pour le bonheur des Milanais,
put, quelque temps après, mettre en évidence
toutes les vertus que renfermait son âme. La
peste désola Milan, en 1576. On le vit alors
prodiguer ses soins à ses infortunés compatriotes, cherchant la contagion dans ses foyers
les plus intenses, la combattant par le dévouement, par la prière, par toutes les ressources
de l'art humain, prodiguant ses richesses, ven-
dant jusqu'à son lit pour secourir les pauvres,
quand il ne resta plus rien dans son palais
dépouillé. Ce fut le dernier fleuron à la couronne du bienheureux : une existence aussi
moralement active et aussi fatiguée par des
travaux physiques, devait user promptement
les forces du corps. Charles Borromée mourut
en 1584, à peine âgé de quarante-six ans, mais
ayant amassé tous les mérites de la plus longue et de la plus sainte vie.

C'est avec grand respect que je descendis dans la crypte où se trouve le tombeau. Le sacristain nous fit voir, à la lueur d'une torche, de merveilleuses sculptures et des travaux d'orfévrerie représentant les principaux épisodes de la vie du saint; — une corne d'abondance ciselée dans l'une des moulures, laisse échapper des piastres du XVI° siècle, provenant du trésor même de saint Charles. La châsse est en argent; on la souleva par un ressort et nous vîmes, à travers un panneau de cristal, le corps du saint évêque, revêtu de ses habits pontificaux. L'idée de faire payer à part cette exhibition me déplaît et m'afflige; cette vue, banalement accordée, moyennant finance, quelle que soit d'ailleurs la croyance de l'étranger, me semble une espèce de profanation. La piété seule, le désir de prier, la foi sincère, tels sont, à mon avis, les seuls sentiments qui devraient faire lever le voile qui couvre des reliques sacrées. Il n'est pas beau de battre monnaie sur de telles choses.

De là, nous passâmes aux sacristies; celle du nord a des peintures de Procaccini à la voûte; celle du sud une belle statue de l'Ecce Homo par Solari, *il gobbo*. J'ai remarqué encore deux statuettes d'argent : saint Ambroise et saint Charles, et une en or, délicatement ciselée, représentant la Paix.

Sur le perron du Dôme nous aperçûmes M. Alezzi, qui venait de notre hôtel où on lui avait dit qu'il nous trouverait à la cathédrale. D'après nos conventions de la veille, il avait la bonté de nous chercher pour nous mener voir les Arènes et l'Arc du Simplon.

Ces deux monuments datent de cette époque de césarisme moderne où tout se faisait à la romaine, même les vêtements des femmes qui, sous prétexte de s'habiller à l'antique, se déshabillaient beaucoup. L'Arc de Milan peut fournir d'amples sujets de méditation sur la fragilité des gloires humaines et les adulations prodiguées aux grands, tant qu'ils sont les favoris de la Fortune. Le conseil municipal de Milan, vivement intéressé sans doute à paraître ravi des succès de Napoléon Ier, décréta, en 1807, l'érection de ce monument dont le dessin fut fait par Peverelli. Les vic-

toires du conquérant devaient y être gravées
sur l'airain; mais les évènements de 1813
ayant considérablement modifié les opinions,
l'Arc fut dédié à la Paix et cette allégorie
remplaça la statue projetée de l'empereur.

Ce n'est pas moi qui m'en plaindrai : j'aime
mieux la Paix que les conquérants. Le plus
humble inventeur d'une chose utile ou favorable à l'humanité me semble plus digne qu'eux
de vivre dans la mémoire des peuples. Mais, —
ô folie séculaire et incurable des nations ! —
ces fléaux de Dieu, qui passent comme la tempête et dévastent plus qu'elle, sont des objets
d'engouement et d'amour : adulés durant leur
vie, ils font encore bien du mal après leur
mort, par les souvenirs exagérés qu'ils laissent,
la vanité dont ils enflent les peuples et les ini-
mitiés nationales qu'ils perpétuent. J'aimerais
mieux voir nos places publiques ornées de statues d'inventeurs, d'artistes, de travailleurs,
de bienfaiteurs réels, ayant éclairé ou nourri
la pauvre humanité. Mais l'humanité elle-
même aura toujours plus de sympathie pour
ceux qui l'ont dominée en vertu de la loi du

plus fort. Affirmez que Parmentier, Stephenson, Jacquart, Lebon et mille autres sont plus dignes d'être connus d'elle que les héros du champ de bataille! On trouvera que la fibre patriotique vous manque et on vous donnera tort. Il faut croire que, comme la femme de Sganarelle, l'humanité se trouve très bien d'être battue. Et l'esprit de servitude donc! Je ne sais quel railleur a dit, avec un grand sens, que, « s'il n'y avait que trois hommes sur la terre, le second appellerait le premier *Monseigneur*, tandis que le troisième cirerait les bottes des deux autres. »

Mais, je m'éloigne trop de l'arc du Simplon; revenons-y. L'ensemble du monument est beau, quoique un peu guindé, comme toutes les imitations romaines de l'époque impériale. Les bas-reliefs représentent (à la place même où Napoléon voulait faire graver ses victoires!) Leipsick, l'entrée à Paris des souverains alliés, le Congrès de Vienne, toutes choses qui sont une ironie cruelle et une grande leçon.

Le char placé sur l'arc est attelé de six chevaux. Mon esprit peu artistique s'arrête peut-être à de trop menus détails; mais j'ai trouvé étrange que ces fringants coursiers ne fussent attachés au véhicule par aucun trait; je sais bien qu'ils ne prendront pas le galop; cependant il était facile de simuler un lien quelconque; la vraisemblance de l'attelage y aurait gagné.

En face de l'Arc, à l'extrémité sud-est du Champ de Mars, est une grande caserne bâtie sur l'emplacement d'un ancien château des Visconti et des Sforza; il n'en reste qu'une tour et quelques pans de murs noircis.

Au nord-est se trouve l'amphithéâtre des Arènes, construit dans le goût antique, par l'architecte Canonica.

Il peut contenir trente mille spectateurs sur des gradins de verdure très-bien disposés. On entre par un portique corinthien d'assez grand air; l'arène est de forme elliptique et mesure sept cent cinquante pieds dans son plus grand diamètre; on peut la remplir d'eau en très-peu de temps et y donner soit des naumachies, à l'instar des Romains, pendant la belle saison, soit des patinages, à la mode russe, pendant l'hiver. Le coup d'œil doit être joli, quand l'amphithéâtre est tout rempli de spectateurs animés, de dames en fraîches toilettes et qu'on y donne une représentation intéressante.

Cette promenade nous prit toute la matinée : vers midi nous allâmes déjeuner au café Borsa, rue San-Giuseppe, près de la Scala, où M. Alezzi nous conduisit très-affamés ; il eut l'amour propre assez naturel de nous faire servir plusieurs plats à l'italienne qui me plurent ; d'ailleurs, à Nice nous avons souvent l'occasion de connaître la cuisine italienne qui, pour beaucoup de détails, m'arrange assez.

Après un peu de repos, nous décidâmes de prendre une voiture pour aller voir la curieuse église de San Lorenzo, située près de la Porta Ticinese. C'est une très-ancienne basilique. Seize colonnes corinthiennes, restées debout devant son atrium, donnent l'idée de ce que devait être l'église primitive. L'intérieur est de forme octogone ; quatre pans demi-circulaires sont garnis de colonnades doubles, tandis que les quatre autres pans sont en ligne droite avec une seule rangée de colonnes très-hautes qui soutiennent la coupole ; cette disposition produit un effet original. On voit à San-Lorenzo un tombeau donné pour celui de Placidie, sœur d'Honorius ; mais comme on peut voir à Ravenne un mausolée qui a les mêmes prétentions, il est bon de ne pas accorder trop de confiance. Dans la chapelle où se trouve ce monument il y a deux mosaïques curieuses d'une évidente ancienneté.

Ce même jour nous vîmes encore San-Eustorgio, église située dans le même quartier. Le campanile est remarquable ; on voit à l'intérieur de cette basilique le tombeau de saint Pierre, martyr, et, sous le parvis extérieur, la chaire dans laquelle il a prêché.

M. Alezzi nous dissuada complètement d'aller visiter la Scala aux flambleaux. — « Ni la beauté de la salle ni les dimensions ne seront comprises par vous, nous dit-il. Venez plutôt dans un des petits théâtres de genre ouverts à cette époque de l'année. Vous savez assez d'italien pour prendre une idée de notre comédie et de ses interprêtes ; puis je vous expliquerai ce que vous ne comprendrez pas. »

Voilà comment il se fit qu'après notre dîner

nous partîmes pour le théâtre Ré. La première pièce m'offrit peu de difficultés, c'était l'*Albergo della posta*, pièce presque classique de Goldoni, que j'avais lue; quant à la seconde, — une facétie locale, — notre complaisant ami nous aida beaucoup.

Pendant les entractes il nous donna d'intéressants détails sur les personnages typiques de la comédie italienne, personnages qui remontent à une très-grande antiquité, et dont Molière s'est souvent servi, faisant même passer dans notre comédie certains types correspondants.

Ce sont d'abord les *Zanni*, dont nous avons fait nos Scapins, d'effrontés drôles, toujours prêts aux mensonges et à la fourberie, entraînant ou soutenant dans le vice les fils de famille qu'ils étaient chargés de garder. Puis les sémillants *Arlequins*, aux facéties continuelles, aux amours faciles; le capitaine *Sparento*, l'équivalent du Matamoros espagnol, comme Corneille en a mis un dans l'*Illusion comique*, faux brave qui se sauve quand apparaît l'ombre d'un danger. Les Italiens ont fait aussi une bonne charge du pédant, dans le type du *grazziano dottore*, personnage affublé d'un nez gigantesque, et parlant le patois bolonais. Ils ont encore *Pédrolino*, — notre pierrot, — *Pantalone*, faux bonhomme, très-finaud, qui fait toujours tomber dans ses pièges le vaniteux *Pulcinello* dont nous avons fait Polichinelle; *Scaramuccio* et *Tartaglia*, allusions spécialement napolitaines, sont deux variétés de Scapins, ayant en plus une couleur locale que l'Italien seul peut apprécier. Enfin, parmi les types primitifs, on trouve encore *Giangurgolo*, une seconde nuance de poltron vantard, et *dom Pasquale*, bourgeois romain, trompé par sa femme, par ses enfants, par tout le monde, une sorte de Géronte débonnaire.

C'est avec ces personnages que s'exerça pendant des siècles toute la verve satirique de l'Italie; aidé de tels types, il était facile de composer des pièces de circonstance où l'on persifflait avec de claires allusions; sans compter que les acteurs ne se gênaient pas pour improviser des plaisanteries fort piquantes, qui, flèches bien lancées, portaient droit au but.

Aujourd'hui tout cela est bien tombé; mais il en reste toujours quelque chose et le public s'en amuse encore.

Ainsi finit notre seconde journée à Milan.

SEPTIÈME LETTRE

ÉGLISE SAN ALESSANDRO. — BIBLIOTHÈQUE AMBROSIENNE.
TROISIÈME JOURNÉE A MILAN. — GRAND HOPITAL.
SOUVENIRS DE L'HISTOIRE MILANAISE.

Aidés de notre plan de la ville de Milan,
nous nous dirigeâmes le lendemain matin du
côté du Grand Hôpital. Nous voulions simplement admirer la façade qui est bien belle, mais
la curiosité nous poussa jusque sous la grande
porte d'entrée, afin de voir la cour intérieure :
nous y fûmes happés au vol par le portier de
l'établissement qui nous accrocha à lui et nous
fit tout visiter. Je ne regrette pas cette surprise ; j'aime les hospices ; il y a quelque chose
de consolant dans la vue de la charité bien
organisée ; c'est la plus grande preuve de civi-

lisation possible. Il est bien juste que la société pense à ceux qui, n'ayant jamais pu faire d'économies sur leur modique salaire, ont le droit d'être soignés par elle quand le travail les a épuisés. Seulement je voudrais voir remplacer partout le nom d'*hôpital* par celui d'*Hôtel-Dieu*, ce dernier vocable me semblant plus conforme à la charité chrétienne. Oh ! les écoles gratuites, les Hôtels-Dieu et les crèches ! cela ne vaudrait-il pas bien mieux que les fonderies de canons ?

L'*Ospedale Maggiore* est un des plus anciens hospices de l'Europe : François Sforza, duc de Milan, et Blanche Visconti, sa femme, posèrent la première pierre en 1456. De riches dotations et le legs du docteur Marchi assurent à ce bel établissement un revenu de plus d'un million. Il renferme trois mille lits ; l'ordre et la propreté règnent partout, depuis les vastes cuisines jusqu'à la grande blanchisserie à vapeur, dont le fonctionnement m'a fort intéressée.

En quittant l'hôpital, nous avons été voir l'église de San-Alessandro in Zebedia. Trop de clinquant, de dorures et de moulures : mais on doit noter quelques peintures de Crespi et de Procaccini.

Ces visites et un peu de promenades occupèrent notre matinée; après notre déjeuner M. Alezzi vint nous prendre, pour nous faire visiter la bibliothèque ambrosienne.

En allant à pied jusqu'à la place San-Sepolcro où elle est située, j'appréciai pleinement, à travers mes bottines, le cailloutage des *contrade* ou rues de Milan. Un acrobate seul pourrait parvenir à poser le pied d'aplomb sur ces galets, à la fois arrondis et pointus; pas de trottoirs, ce qui est inquiétant pour le piéton; la voie est seulement traversée dans toute sa longueur par des espèces de rails doubles en dalles de la Spezzia, où passent, — quand elles le peuvent, — les roues des voitures.

La bibliothèque ambrosienne rappelle encore à Milan le bienfaisant souvenir des Borromée; elle fut fondée par le cardinal Federico.

Elle renferme des manuscrits très-précieux; un bibliomane en aurait pour une année de délices; j'ai remarqué une traduction latine de l'historien Josèphe, écrite sur papyrus, des autographes de Lucrèce Borgia accompagnés d'une boucle de cheveux qu'elle envoyait au cardinal Bembo. — Blonde comme les blés; je me l'imaginais brune, peut-être à cause de la noirceur de son caractère ou de la couleur des cheveux des actrices qui m'ont plu dans ce rôle arsenical. Sans avoir de Lucrèce Borgia une haute opinion, je pense que les poètes ont fait à son égard ce qu'on fait en général pour les riches; ils lui ont prêté généreusement. Et, dans ce sens, elle n'a point à se plaindre de Victor Hugo, qui a couvert sa masse d'empoisonnements par un amour maternel, aussi sublime qu'incroyable, et qui n'aurait probablement jamais pu germer dans un tel cœur.

Plusieurs tableaux remarquables ornent la bibliothèque ambrosienne: on y voit une Adoration des Mages signée Titien, une Sainte famille charmante de Luini, le célèbre carton de Raphaël pour sa fresque, l'Ecole d'Athènes, et des études de Michel-Ange pour son grand tableau du jugement dernier.

Au sortir de ce bel établissement littéraire, M. Alezzi nous emmena au jardin public où jouait une excellente musique militaire. Foule très-nombreuse, parfaitement élégante, femmes gracieuses, pour la plupart coiffées du ravissant voile national ; — des groupes d'enfants roses et gentils à rendre jaloux les Amours de l'Albane.

Il y a vraiment de grands charmes à se trouver de passage pour quelques jours dans une ville ; elle se présente avec tous ses avantages, elle réserve tous ses sourires ; on n'en voit que les meilleurs aspects. Monuments, musées, jardins, tout y parle de l'union, du génie et de l'affabilité des hommes. La spendeur des temples permet de supposer une grande profondeur à leurs sentiments religieux ; et, comme on n'a pas le temps de se désillusionner en voyant de près les misères et les peines inhérentes à toute cité, on emporte avec soi de charmants souvenirs. Un voyage d'agrément qui réussit bien, — c'est-à-dire sans intempéries de climat et sans inconvénients de santé, — est comme une mise en scène splendide où de beaux décors et d'intéressants acteurs défilent sous vos regards captivés par l'illusion. Et, cependant, si du domaine de l'imagination on entre dans celui de la réalité, que de douleurs et de vicissitudes ne sont pas rappelées par l'historique d'une grande cité! Que de générations ont lutté et ont souffert dans ces murs, où tout s'est renouvelé d'âge en âge, et qui paraissent si gais au touriste!

Milan, surtout, a un passé douloureux. L'antagonisme de la race italienne avec cette race germanique, qui, toujours voulut la dominer, existait au Xe siècle comme au XIX[o]. Si les Césars allemands affirmaient avec fierté leur prépondérance sur les couronnes de la terre, en la comparant à celle du soleil au milieu des astres, les Italiens, de plus en plus épris des libertés municipales, si péniblement conquises au XIe siècle, se groupaient autour de la papauté qui représentait pour eux la nationalité autant que la religion.

Depuis le terrible siége de 1162, après lequel Frédéric Barberousse fit passer la charrue sur l'emplacement des murailles de Milan, ce ne fut guère qu'une suite de batailles; les belles contrées sont comme les opulentes héritières:

on s'en dispute la possession. Les Milanais vengèrent promptement leur défaite; l'indomptable ligue lombarde fit sortir la cité de ses ruines, et la légion de la Mort, comparable à l'invincible phalange macédonienne, vainquit Frédéric Barberousse dans les plaines de Legnano. (29 mai 1176.)

Depuis la fin du XIVe siècle, époque à laquelle l'Empereur Venceslas donna le titre de duc de Milan à Jean Galéas Visconti, jusqu'à nos jours, le Milanais eut bien peu d'intervalles de tranquillité. Quand la fille de ce Galéas, la douce et vertueuse Valentine, vint en France épouser Louis, duc d'Orléans, frère du roi Charles VI, ce fut un malheur, — pour la princesse d'abord, — qui se trouva unie au plus mauvais sujet de France, puis pour le Milanais, à cause des droits que la succession de Valentine donna aux Orléans sur ce duché. Le prudent Louis XI, qui ne regardait guère à faire pendre un homme de plus ou de moins en affaires privées, était grand ménager du sang de ses sujets en d'autres matières, et je lui ai toujours su gré de n'avoir dépensé inutilement ni un soldat ni un écu. Sagement, il tint réservée la question de la succession milanaise, et il n'y eut, sous son règne, aucune brouille avec l'Italie. Son fils Charles VIII, malgré son affabilité, devait coûter beaucoup de sang à la France et l'engager dans la fatale voie des guerres italiennes. Aux prétentions qu'il avait fait valoir sur le royaume de Naples, Louis XII joignit ses droits de succession à son aïeule Valentine et se fit de toute la carte d'Italie un champ de bataille où il dut lutter autant contre la ruse que contre la force. Certes, les Français y firent moisson de lauriers, — comme disent les poètes, — mais, en dehors d'avantages intellectuels auxquels on n'avait pas songé, les guerres d'Italie n'eurent pas de résultats pratiques. C'est surtout de ces belles plaines qu'on peut dire avec vérité : — « aucun épi n'est pur de sang humain. »

Les habitants de ces contrées durent passer par bien des transes. Un jour, en 1507, c'est Louis XII qu'on reçoit à Milan avec des fêtes spendides. Trivulzio, seigneur milanais rallié, devenu maréchal de France, donne ce fameux bal, ouvert par le roi de France et la duchesse de Mantoue, dont la magnificence étonnerait même notre siècle. Un peu plus tard les Milanais doivent jurer fidélité au jeune duc François-Marie Sforza, le protégé de Charles d'Autriche, roi des Espagnes, empereur d'Allemagne et ennemi juré de la France. Ce serment ne tint que jusqu'à la bataille de Marignan, après laquelle il fallut préparer en grande hâte logis et discours pour François Ier qui s'approchait et qui fit une entrée triomphale à Milan, ayant à sa droite Charles de Bourbon, *qui depuis....* mais alors, il était considéré comme la meilleure épée de France. Une année après, (26 février 1525) ce même Bourbon, général de Charles-Quint, faisait François Ier prisonnier à Pavie. Qu'on juge de la rapidité avec laquelle les drapeaux français, arborés à Milan, s'empressèrent de rentrer dans leurs étuis! Les gens indifférents en politique, attachés seulement à leurs intérêts, avaient belle occasion d'imiter la girouette; mais parfois, ils risquaient de se trouver pris entre deux feux et ne savaient à quel saint se vouer.

De 1540 à 1700, les Milanais n'eurent pas à
se plaindre de la maison d'Autriche : décidément les Espagnols leur allaient mieux que les
Allemands. Philippe II et ses successeurs gou-
vernèrent la contrée par des vice-rois assez
sympathiques ; mais, juste à l'ouverture du
XVIII⁰ siècle, la guerre de la succession d'Espagne y remit le feu. Français et Espagnols
s'y retrouvèrent en présence comme au temps
de Charles-Quint. Les inquiétudes des Milanais
durent être grandes. Catinat, Vendôme, Villeroi, Marsin, la Feuillade, combattaient contre
le prince Eugène sur les bords du Pô, de
l'Adda, du Mincio et de l'Adige. Epouvantés
quand Catinat gagnait Staffarde et la Marsaille,
rassurés lorsque Villeroi se laissait niaisement
surprendre dans Crémone, suivant anxieuse-
ment les péripéties du siége de Turin, en 1706,
les habitants de Milan ne respirèrent qu'en
1713, époque où le traité d'Utrecht les donna
à l'Autriche, sans se soucier s'ils regrettaient
ou non les Espagnols.

Les guerres de la République française
vinrent encore tout remettre en question. La

brillante campagne de 1800 amena l'entrée des Français à Milan, le 2 juin ; la défaite de Mélas à Marengo le 14 ; et Bonaparte, continuant ses exploits, laissa dans Milan la charmante et folâtre Joséphine, qui sut s'y faire des sympathies.

Mais les républiques établies par Bonaparte devaient se changer bientôt en couronnes plus ou moins fermées pour lui et les membres de sa famille : la Cisalpine ne tarda pas à devenir le royaume d'Italie. Ce fut une belle cérémonie ; les Milanais purent admirer l'aplomb avec lequel un soldat de fortune se plaçait sur la tête la couronne de fer des rois lombards. Quoi qu'il en soit, ils virent la chose s'accomplir sans faire d'observations, eux qui, à l'époque du couronnement de Napoléon en France, avaient crié comme des paons : *Che cosa! un alfiere, un caprajo di Corsica che balza imperatore!*

Il est bien vrai que les peuples font tout ce qui dépend d'eux pour exalter l'orgueil des conquérants et leur inspirer un mépris complet pour l'humanité. Quand le président Melzi

vint à Paris, le 17 mars 1805, à la tête de la
députation chargée d'offrir la couronne d'Italie
à Napoléon Ier, il fit une harangue digne du
grand duché de Gérolstein : « Sire, vous vou-
lûtes que la République italienne existât : elle
a existé ! Veuillez que la monarchie italienne
prenne naissance et elle va naître ! Daignez
combler nos vœux en acceptant cette couronne ; ce sera ajouter un surcroît de force
aux liens qui nous attachent à vous ! » Si, après
cela, les conquérants ne se croyaient pas tout
permis, ils ne seraient point des hommes !

En 1815, Milan retourna à l'Autriche, joug
impatiemment supporté et secoué depuis peu.
Maintenant, la Lombardie fait partie de la na-
tion italienne ; cela paraît mieux au point de
vue de la géographie et de la logique. Beaucoup espèrent, — en dépit de l'histoire et de
ses enseignements, — que cela sera durable.

Je viens de te faire passer par toute la série
de réflexions que j'ai faites moi-même, ce jour-
là, 3 septembre, tout en écoutant les morceaux
de musique au Jardin public de Milan. En
voyant cette cité paisible et gaie, je prenais

intérêt à me rappeler toutes les vicissitudes qu'elle avait subies dans le cours des âges.

Avant de quitter les Jardins publics, nous visitâmes la Villa Reale, qui est située dans leur enceinte ; c'est aujourd'hui la propriété du prince Humbert.

Après notre dîner, un peu de flânerie dans le Corso Vittorio Emanuele et sous les galeries nous mena agréablement jusqu'à dix heures.

HUITIÈME LETTRE

6me journée.
Samedi, 4 septembre.

M. Alezzi avait eu la bonté de se procurer pour nous des billets pour visiter le palais Borromeo et le palais Litta; c'est par là que nous commençâmes notre quatrième journée à Milan. L'intérieur fastueux de ces deux résidences donne bien l'idée de la magnificence des princes italiens dans leur vie privée; mais je devais en voir de plus remarquables dans la suite de ce voyage; l'architecture milanaise est loin d'être aussi frappante que celle de Venise et de Gênes.

Après déjeuner nous allâmes au Palais royal.

Il est beau, mais un peu banal, comme presque tous les palais royaux. Peu d'extérieur : à l'intérieur, le salon des Cariatides du sculpteur Calano et la fresque d'Appiani représentant Napoléon Ier sous les attributs de Jupiter tonnant. La petite chapelle de cour a un joli clocher en terre cuite de Lombardie, au-dessus duquel un ange tourne au gré du vent, comme le Saint-Michel de l'Hôtel de Ville à Bruxelles.

En sortant de là, nous entrâmes dans l'église San-Carlo, dont le portique, d'un goût médiocre, avait plusieurs fois attiré notre attention quand nous avions passé sur le Corso Vittore Emanuele. Je n'y ai rien remarqué d'intéressant, sinon deux groupes en marbre du sculpteur Marchesi.

Après nous être un peu reposés au café Fumagalli, nous prîmes le chemin du Dôme dont nous avions décidé de faire l'ascension, qui nous promettait d'autant plus de plaisir que le temps était superbe et l'horizon très-clair. Avant de nous engager dans l'escalier, nous remarquons, dans la chapelle voisine, le monument funèbre de Jacques de Médicis, marquis de Marignan, dont le dessin est attribué à Michel-Ange. Puis, nous montons quatre cent quatre-vingt quatorze marches, mais pas aussi fatigantes qu'on pourrait se l'imaginer. On arrive bientôt à une vaste terrasse, c'est-à-dire qu'on se promène en plein sur les dalles de marbre qui forment la toiture de l'église. On se trouve alors au milieu de merveilleuses dentelles de pierre, d'escaliers tournants ou droits, d'une profusion de clochetons, supportant presque tous des statues de saints et d'anges provenant d'époques très-différentes et formant une histoire complète de la sculpture lombarde. Un vieux bonhomme, embusqué, au détour d'un escalier, comme un brigand espagnol au coin d'un buisson, apparut soudain à notre vue; mais son but était plus louable : il ne voulait que nous vendre des photographies de l'édifice, nous colloquer une lorgnette pour mieux mirer les points de vue et s'attacher à nos pas pour nous expliquer un tas de choses que nous aurions parfaitement comprises sans lui. C'est ainsi qu'il nous fit voir les statues d'Adam et d'Ève, attribuées à Solari : l'une est située sur la sacristie du nord, l'autre, en pendant, sur la sacristie du sud. L'Adam me paraît mieux que sa compagne; je sais bien que la mère du genre humain devait avoir une santé robuste pour supporter à la fois ses maternités et ses remords, mais elle est vraiment trop plantureuse.

Nous nous promenons longtemps sur ces belles terrasses dont le marbre blanc, presque transparent, miroite au soleil; nous passons auprès des cloches qui font grand bruit; nous montons encore une série d'escaliers bordés de dentelle et nous arrivons enfin, par une étroite spirale au sommet de la pyramide centrale d'où part la flèche. Nous apercevons, en nous penchant un peu en arrière (ce qui, entre parenthèses, peut donner le vertige), la statue de la Vierge en bronze doré, haute de plus de quatre mètres. Vue de ce point culminant, le Dôme de Milan est véritablement une œuvre admirable qui confond l'imagination. On ne peut se faire d'en bas une juste idée de l'effet produit par toutes ces statues embrassées alors d'un seul coup d'œil: il y a cent trente-quatre clochetons, sans compter le clocher central où nous sommes. La cathédrale, vue ainsi, semble un monde mystique : on dirait que cette superbe masse de marbre blanc va s'animer, que ces anges, à peine posés, vont déployer leurs ailes. Un sentiment profond saisit l'âme en songeant à tous les artistes qui sont venus apporter leur tribut à cette œuvre immense, exécutée pendant tant de siècles, et dont la plupart sont demeurés obscurs, satisfaits néanmoins d'avoir travaillé pour la Reine des Anges !

Ajoute à cela un effet superbe de soleil qui mettait des étincelles sur chaque arête du marbre, sur chaque dorure ; imagine un ciel si pur que notre vue planait, non-seulement sur la ville de Milan, étendue à nos pieds, — panorama charmant où nous retrouvions tous les lieux que nous avions visités, — mais aussi sur toute la plaine qui l'entoure jusqu'aux extrêmes limites de l'horizon formées par la chaîne des Alpes, depuis le Mont Viso jusqu'au Mont Baldo, au-dessus du lac de Garde.

Nous descendons ravis : après avoir encore erré dans les nefs, actuellement presque désertes, nous sortons par le portique central. C'est l'heure à laquelle nous devons y trouver de nouveau M. Alezzi, qui dîne avec nous ce soir. Il paraît très-content de notre admiration. Nous regardons alors en détail tous les bas-reliefs qui décorent les entrées. Quelques-uns sont exécutés avec une touchante naïveté, entre autres le combat de Samson et du lion, la grappe de raisin de Chanaan, et un Samuel qui reçoit dans le dos un rayon de lumière qu'Alezzi compare irrévérencieusement à une large douche comme celles qu'on reçoit aux Bains Turcs. Il était d'ailleurs en veine de critique; nous faisant traverser la place pour mieux envisager la façade, il nous fit remarquer qu'elle manquait d'unité : — « Pellegrino Tribaldi l'a gâtée, dit-il, avec son antipathie de l'architecture allemande ; c'est lui qui a fait ces croisées de style roman, au-dessus desquelles on a annexé des ogives gothiques. »

Nous étions bien près de la place des Marchands, sur laquelle nous avions passé souvent. M. Alezzi nous expliqua que l'édifice central est le Magasin des Archives (la Ragione) et qu'il fut élevé au XIIIe siècle. Le bâtiment du Nord est aujourd'hui la Bourse; au milieu est la tour de l'Horloge, ornée d'une belle statue de saint Ambroise. Cette statue en a remplacé une de Brutus qu'on avait érigée en 1795, époque de l'imitation et de l'engouement de l'antiquité républicaine. Il paraîtrait même que ce Brutus aurait été fait dans une vieille statue de Philippe II, datant du XVIe siècle. Au sud de la place des Marchands un édifice analogue fait pendant à la Bourse; on remarque sur la façade les statues d'Ausone et de saint Augustin.

Nous terminâmes notre journée comme nous l'avions fait la veille, en flânant aux galeries, en écoutant le concert du café Fumagalli. Comme le lendemain était un dimanche et que, par conséquent, les magasins seraient fermés, je profitai de cette soirée pour acheter les quelques bagatelles que je voulais emporter en souvenir de Milan. Beaucoup de photographies, le petit tableau que j'ai envoyé à ta fille, de gentilles réductions en marbre de Carrare et quelques albums dans le genre du tien ont été choisis dans les magasins des galeries, où l'on voit des choses capables de séduire saint Antoine.

NEUVIÈME LETTRE

CINQUIÈME JOURNÉE A MILAN. — GRAND'MESSE A LA CATHÉDRALE.
DÉPART DE MILAN POUR MONZA. — CHATEAU ET PARC
DE MONZA. — VOISINS DE VOYAGE.

Il aurait manqué quelque chose à mes impressions milanaises si je n'avais pas eu la bonne chance d'entendre chanter une grand'-messe dans la Cathédrale. Vue ainsi, en plein exercice de ses fonctions sacrées, cette église paraît encore plus solennelle et plus admirable. C'est aussi une occasion propice pour prendre une idée de la bonne tenue des Milanais, et surtout des Milanaises, qui m'ont paru suivre l'office avec ferveur. Les orgues, qui sont fort

belles, ont donné, pendant l'Offertoire, un superbe morceau, et une belle voix a chanté un
touchant *Salutaris*.

Nous passâmes cette journée à revoir quelques-unes des choses que nous avions déjà admirées, à nous promener en voiture, à assister
encore une fois à la musique au Jardin public,
à nous reposer un peu de tout notre plaisir des
jours précédents, plaisir doublé par la complaisance avec laquelle M. Alezzi, rencontré en
passant, s'était mis à notre disposition pour
nous aider de son artistique intelligence et de
sa connaissance de la ville. Nous le remer-
ciâmes avec l'espoir de le revoir s'il venait
passer une saison à Nice, ce qui est possible,
car notre futile petite capitale d'hiver sait cependant apprécier et récompenser les vrais
artistes.

Le lendemain, lundi 6, immédiatement après
déjeuner, à neuf heures, nous prenions à la
gare des billets circulaires qui nous donnaient
le droit de consacrer quinze jours à faire le
tour des lacs de Côme, Majeur et Lugano.

Notre première station sera Monza, ville de

douze mille âmes, située à quelques kilomètres de Milan.

En bien peu de temps nous y arrivons.

Monza est une cité très-ancienne; mais le château, qui en fait le principal attrait, date seulement du siècle dernier. L'archiduc Ferdinand d'Autriche le fit construire, au milieu d'un vaste parc, afin de s'y livrer au plaisir de la chasse; les embellissements merveilleux qui ont fait de Monza le Versailles de la Lombardie sont dus au prince Eugène de Beauharnais, dont le souvenir s'y trouve disséminé un peu partout.

Devant le palais, dont l'architecture a plus de majesté que de grâce, s'étendent de vastes pelouses, entrecoupées par des sentiers dont les sinuosités pénètrent et entourent des plantations épaisses, arrosées par le Lambro qui les parcourt avec des ondulations charmantes, se perdant derrière des buissons, se dérobant sous des bosquets, s'étalant en ruban d'azur et offrant de distance en distance des petits ponts rustiques très-pittoresques. A droite se trouve une butte plantée de pins, du haut de laquelle on a une très-belle vue sur la contrée environnante et une grande partie des collines de la Brianza. Il faudrait bien du temps pour visiter le parc tout entier, car sa muraille d'enceinte n'a pas moins de treize kilomètres de tour; mais grâce à une de ces petites calèches légères qu'on appelle *paniers*, nous avons pu y faire une excursion suffisante et prendre une bonne idée des plus jolis sites. A Monza, la nature et l'art sont très-habilement confondus; on ferait volontiers des rêves arcadiens devant cette jolie grotte, entourée d'arbres de toute espèce qui semblent avoir poussé là dans la plus capricieuse indépendance, sans souci de famille et de la symétrie; — on rêverait du paradis terrestre en foulant ces grasses prairies où paissent des cerfs, des chamois et des daims qui ne fuient point à votre approche. La tour en ruines, la villa Mirabello et son charmant diminutif Mirabellino, les faisanderies, la collection de plantes exotiques, tout cela nous a beaucoup intéressés; mais, comme l'heure avançait, nous n'avons pas poussé notre exploration beaucoup plus loin que le carrefour

central du parc : c'est un rond-point d'où
partent huit grandes allées, aboutissant chacune à un point de vue remarquable. La plus
large est bordée d'arbres fruitiers.

Nous tenions beaucoup à pouvoir visiter le
château qui se ferme à une certaine heure.
Nous arrivâmes à temps dans la cour d'honneur par une superbe avenue. Nous avons
admiré surtout le salon des fêtes, la chapelle
et une belle petite salle de spectacle.

En sortant du château, nous allâmes voir la
cathédrale historique de Monza, qui date du
IVᵉ siècle, et n'est terminée que depuis deux
cents ans. La façade est formée de bandes
blanches et noires, posées alternativement, ce
qui produit un aspect un peu funèbre ; cette
façade est ornée de six pilastres surmontés d'un
clocheton ; la tour située à gauche est d'une
belle élévation et renferme huit cloches. Quelques sujets d'un goût naïf ont trait à la vie de
Théodelinde, reine des Lombards, qui passe
pour la fondatrice de l'église. Parmi les tableaux, j'ai remarqué une Visitation de Guer-
cino da Cento, les disciples d'Emmaüs et

quelques fresques de Procaccini. La fameuse couronne de fer est conservée dans la chapelle de Saint-Cloud ; en dehors de l'idée qu'on peut attacher à la sainte relique, si on croit à son authenticité, elle n'a rien d'extraordinaire.

Nous devons passer la nuit à Monza. Notre dîner à l'hôtel du Faucon fut agrémenté par un léger incident qui ne vaudrait pas la peine d'être rapporté, — sans la petite suite qu'il devait fournir. J'avais pour voisin de table d'hôte un grand jeune homme blond d'assez belle mine, et mis avec une recherche peut-être un peu exagérée pour un voyageur. Quelques politesses de table m'amenèrent à échanger cinq ou six mots avec lui ; mais notre conversation ne serait pas allée très-loin s'il n'eût tout-à-coup, renversé une carafe qui fit dans l'air une demi-cabriole et fut cependant rattrapée si lestement que quelques gouttes d'eau seulement tombèrent sur ma robe. Il s'ensuivit de longues excuses, auxquelles je répondis qu'elles avaient peu de raisons d'être, la maladresse ayant été adroitement réparée. De là, conversation plus étendue. On nous demanda notre pays et celui dont nous venions. Ayant appris que mon mari était alsacien : — « Quelle bonne fortune! s'écria l'étranger; je suis également né dans ce cher et malheureux pays. » Là dessus, détails sur Strasbourg, Mulhouse et quelques personnalités alsaciennes. Notre voisin nous dit s'appeler M. Becker, et être fils d'un riche industriel retiré des affaires et résidant à Paris depuis la guerre de 1870. Libre de sa fortune, le jeune homme voyageait pour son plaisir, disait-il, et pouvait se dire humble mais fervent amateur des arts, étant *toqué* à la fois de musique, de peinture et de poésie.

La causerie se poursuivit après le dîner; M. Becker, de plus en plus aimable avec mon mari, lui dit qu'il projetait exactement le tour des lacs comme nous, qu'on lui avait recommandé les mêmes hôtels et qu'il serait fort désireux de naviguer de concert avec nous dans cette excursion. Tout cela était dit d'une manière charmante, en feuilletant des albums, en offrant des cigares, en parlant, d'une saison d'hiver passée à Nice, des séductions de cette charmante ville et de Monaco, sa voisine, etc...

Je trouvais mon mari un peu froid à la réplique; lui toujours poli, et d'ordinaire si content de rencontrer des compatriotes, montrait peu de sympathie pour celui-là. Je lui en fis l'observation le soir quand nous entrâmes dans notre chambre. Il me répondit qu'il fallait être prudent en voyage, ne pas se lier trop vite, que ce monsieur lui semblait bien expansif et un peu poseur; enfin, que sa nationalité alsacienne ne lui paraissait pas bien prouvée parce qu'il avait parlé le pur allemand et non pas le patois du pays. — S'il en est ainsi, tu as raison, dis-je; dans le doute, il est bon de s'abstenir, affirme le sage.

Et, sur cette réflexion, je m'endormis.

DIXIÈME LETTRE

9me journée.
Mardi, 7 septembre.

DE MONZA A COME. — PETITE EXCURSION SUR LE LAC.
CATHÉDRALE. — LES JEUNES MARIÉS ET LA DAME AU CHIEN.

Le lendemain matin, ma première pensée est pour le beau temps. Quelle chance ! un soleil radieux, une petite brise, — tout juste ce qu'il nous faut pour rehausser les sites de ces lacs enchanteurs que nous allons parcourir.

Comme nous prenions le café, dans la salle à manger de l'hôtel, — un peu à la hâte, car l'omnibus était là, prêt à nous emmener à la gare,—M. Becker vint à nous d'un air charmé ; il tenait un bouquet de jolies fleurs, qu'il avait cueillies, nous dit-il, dans une promenade matinale faite au bord du Lambro, et qu'il

m'offrit galamment, en renouvelant l'expression du plaisir qu'il éprouverait à faire route
avec nous. Là-dessus nous montâmes en omnibus. Mon mari me dit alors tout bas : — « Je
» ne tiens pas du tout à faire voyage avec ce
» monsieur, et nous ferons bien de ne pas
» prendre le même compartiment. » — Je t'a-
vouerai, ma chère, que j'ouvris de grands
yeux. Si je n'avais pas eu une belle douzaine
d'années de plus que le garçon en question,
j'aurais pu croire que mon mari tournait subitement à l'Othello ; mais, si flatteuse que cette
supposition pût être pour mon amour-propre,
ce droit d'aînesse la rendait inadmissible.

Quoi qu'il en soit, en dépit de nos intentions,
et malgré le soin que nous prîmes de nous fourrer au plus vite dans un wagon presque plein,
nous y vîmes tomber M. Becker, au moment
où nous croyions qu'il devait être encastré ailleurs. — « Un peu plus, je vous manquais, dit-
il en s'asseyant ; mais j'ai manœuvré avec
habileté ! »

Comme le train se mettait en mouvement,
j'examinai mes compagnons de route. Un jeune

homme d'une trentaine d'années, une femme de dix-huit ans, occupaient les deux coins à gauche de la voiture; italiens tous deux, d'un type charmant et indiscutable, portant écrit sur leur front et dans leur mise qu'ils faisaient un voyage de noces. M. Becker était à côté du jeune homme, en face de mon mari. Quant à moi, j'occupais un coin de droite, et j'avais pour vis-à-vis une assez singulière personne dont M. Becker était l'immédiat voisin. C'était une dame, — de celles qu'on appelle d'un certain âge, — peut-être à cause de l'incertitude où beaucoup d'entre elles voudraient le maintenir, — naviguant très-près du cap de la cinquantaine. Sa toilette annonçait des prétentions ne convenant ni à son âge ni à un voyage en chemin de fer. Elle portait une robe de soie très-claire, un pardessus de dentelle, des boucles d'oreille et une broche en brillants, des bracelets, une fort belle montre accrochée à son flanc gauche auprès d'une aumonière circassienne toute damasquinée. Sa coiffure se composait d'un fouillis de boucles rousses, sur lesquelles se dressait un tout petit chapeau de dentelle, ombragé d'une audacieuse aigrette blanche.

Un autre détail excita ma surprise : la dame avait sur les genoux un coussin de piqué blanc, garni de valenciennes, sur lequel s'étalait une couverture de soie bleue ; quelque bébé y dormait sans doute, car la dame se penchait souvent avec tendresse sur le coussin, et glissait sous la couverture un baiser auquel répondait parfois un doux gémissement. Je me perdais en conjectures sur le lien de parenté qui pouvait exister entre le marmot et la dame.

Deux ou trois tunnels nous dérobèrent la vue du paysage jusqu'à Camerlata. Nous croyions devoir descendre à cette station ; mais depuis deux jours la voie ferrée était ouverte jusqu'à Côme ; la gare provisoire est encore assez éloignée de la ville. Un omnibus nous en fit traverser les faubourgs peu agréables et privés de vue, et s'arrêta devant l'hôtel Volta, où descendirent avec nous M. Becker, les jeunes mariés et la dame d'un certain âge.

Côme n'a rien de très-attrayant au premier aspect ; située au fond d'une baie étroite que le lac forme à sa partie sud et dominée de hautes collines, la ville paraît encaissée. Du balcon de notre chambre la vue est très-limitée. Le port, où stationnent quelques beaux vapeurs et une multitude de petites barques semble entièrement fermé par une longue jetée; devant nous s'étend une place avec une fontaine monumentale, comblée de tritons, de sirènes et de chevaux marins, mais qui, pour le moment, n'a pas une goutte d'eau.

Des groupes assez élégants se promènent sur cette place et sont assis aux tables du café qui est au-dessous de l'hôtel Volta; je vois aborder des barquettes chargées de gais navigateurs; cela me donne envie de les imiter et nous projetons une petite excursion sur le lac. Mais, avant tout, il faut s'habiller et déjeuner.

La question de toilette ne complique pas mes voyages : peu de femmes ont aussi peu de bagages que moi. Une robe grisaille, capable de braver les effets de poussière de la route, une toilette de soie noire et un costume de fantaisie m'ont toujours suffi pour ces excursions de cinq à six semaines où l'amour du

pittoresque seul me préoccupe et où je me
trouve étrangère partout et dispensée de relation sociale.

Telle n'était pas la conviction de notre voisine de wagon ; comme nous descendions déjeûner, je la vis sortir de sa chambre dans une
toilette mirobolante, ruchée et enrubannée de
rose, comme pour une soirée. J'eus alors l'explication du mystère qui m'avait tant intriguée.
Elle tenait dans ses bras un petit chien hava-
nais dont les poils soyeux étaient relevés de
distance en distance par des faveurs roses. Le
coussin que j'avais pris pour un porte-enfant
servait à mettre le voile de l'erreur entre le
bichon et les yeux des employés de chemin de
fer, et cette ruse dérobait une tendre victime
aux cabanons des chiens.

Après déjeuner nous prîmes une barquette
ornée d'une jolie petite tente et, nous laissant
guider à la fantaisie du batelier, nous fûmes
portés à un point très-pittoresque qu'on appelle
le faubourg Vico. Il est tout semé d'habitations
charmantes, dont la plus remarquable est la
villa Odescalchi ; nous en visitâmes le jardin

qui est fort bien entretenu et offre des points de vue charmants. Nous admirons la végétation merveilleuse de cette région. Myrtes, citronniers, orangers, agaves, plantes d'Afrique, croissent aux pieds de montagnes dont le sommet ne connaît que les neiges. Entre la navigation et la promenade, le temps nous passe si vite qu'il est plus de cinq heures quand nous rentrons dans le port de Còme.

Nous voulons cependant visiter la ville avant dîner; ses rues étroites ne nous jettent pas dans une grande admiration. Nous regardons la statue de Volta, la façade du lycée, celle du théâtre, puis nous nous rappelons tout à coup que nous avons oublié la cathédrale et nous y courons. On nous en avait parlé comme d'une merveille, mais j'avoue que je la trouvai un peu surfaite. Une façade des XIVᵉ et XVᵉ siècles, une coupole du XVIIIᵉ, un baptistère attribué à Bramante, quelques tableaux. En fait de singularités, la façade est ornée des statues des deux Pline : je sais bien qu'ils sont nés à Còme, mais ce n'est pas raison suffisante pour les établir ainsi au milieu des saints et des anges, et eux-mêmes doivent en être étonnés. J'aurais voulu mieux voir les peintures, particulièrement une Nativité de Luini et une série de tableaux relatifs à la vie de saint Jérôme; mais il faisait déjà un peu sombre.

Quoique les visites aux églises pendant les voyages rentrent toutes plus ou moins dans la curiosité artistique, je n'en sors cependant guère sans me rappeler la recommandation d'une vieille parente qui m'affirmait que le patron d'une église vue pour la première fois refuse rarement une grâce, si on l'implore de lui. A ce compte je devrais déjà en être comblée, car j'ai vu pas mal d'églises. Le conseil me revint à l'esprit, et j'étais bien en train de nous recommander chaudement pour tout le temps de notre voyage, lorsqu'un bruit sourd se fit entendre, suivi d'un formidable cric-crac. On venait de fermer les portes sans se douter de notre présence, ce qui nous mettait dans une position critique; la perspective de coucher là sans dîner ne nous allait pas du tout et nous nous précipitâmes vers la porte pour y frapper en désespérés. On fut assez longtemps sans nous entendre. Enfin, — sans doute comme preuve de la grâce qu'on obtient toujours dans une nouvelle église, — une oreille compatissante s'inclina vers nous et l'on alla dire notre détresse au sacristain qui accourut nous délivrer.

Cet incident nous mit un peu en retard pour le dîner; nous arrivâmes au second service et prîmes place à table d'hôte à côté de la dame au chien. Je remarquai que M. Becker placé près d'elle se mettait en grands frais de galanterie et qu'elle causait gaîment avec lui, suite d'une connaissance faite, sans doute, très-amplement pendant la journée. Nous avions pour vis-à-vis le couple italien; la jeune femme était simplement mise, mais avec beaucoup de goût et très-joliment coiffée.

Le soir, nous donnâmes quelque temps à la lecture des journaux dans le salon commun, puis je montai dans ma chambre pour écrire une lettre à ma mère.

ONZIÈME LETTRE

10me journée.
Mercredi, 8 Septembre.

Le lendemain matin à neuf heures, nous nous embarquions sur le *Volta,* un bateau à vapeur joli et bien organisé. Une tente préserve les touristes des ardeurs du soleil, et, ils ont le choix entre des bancs à dossiers placés devant des tables, des banquettes latérales et des pliants portatifs. Beaucoup de monde sur le navire.

J'y remarque un monsieur de Nice que je connais de vue, de nom et je pourrais même dire d'esprit, car j'ai eu l'occasion de l'entendre causer très-finement un soir d'hiver à un bal du Cercle. Lui ne me connaît point. Il est tout

7

à fait seul. Que je n'aimerais pas cela ! Voyager solitairement sans pouvoir communiquer les impressions que fait naître en moi la vue d'un paysage ! Mais j'y perdrais les trois quarts de mon plaisir. Cela ne veut pas dire que le monsieur de Nice ait tort; sa philosophie est différente de la mienne, voilà tout.

La dame au chien n'aime pas non plus la solitude.

Je la vois arriver en compagnie de M. Becker. Il se précipite pour chercher des pliants et surveille l'embarquement des bagages de sa compagne. Les voici qui s'asseyent l'un près de l'autre le dos au soleil. Décidément, la dame au chien a fait une conquête. Que de choses curieuses on voit en voyage, sans compter la belle nature !

Le sifflement de la vapeur se fait entendre; le navire s'ébranle; nous partons, nous sommes partis, ou pour mieux dire nous glissons sans autre mouvement qu'une légère trépidation; voici que nous franchissons la jetée qui ferme le port de Côme et nous entrons en plein dans le lac, qui nous paraît encore comme un bassin fermé devant nous par de très-hautes montagnes; mais aussitôt que nous avons passé le cap Geno, la vue devient plus vaste. Les rives sont charmantes. Partout de riants villages, des villas princières, des terrasses fleuries, de frais gazons. On nous désigne les villas de la danseuse Taglioni et de la cantatrice Pasta; c'est à se croire revenus aux temps mythologiques, alors que les Terpsichore et les Amphion élevaient des palais au son de la flûte et des sistres.

Devant nous, à l'est, se présente le village de Torno, dominé par un bois de sapins dont la verdure tranche sur la teinte claire des autres feuillages. Un repli de terrain semble encore ici terminer le lac, mais, le promontoire doublé, une nouvelle étendue d'eau se découvre. A tout instant ce lac capricieux fait de semblables surprises; il semble jouer à cache-cache avec ses explorateurs. Nous remarquons à l'ouest une cascade et la villa Passalacqua, tout près du village de Maltrosio.

Ici, à droite, une petite baie silencieuse et mélancolique, rappelant certaines anses du lac du Bourget ; on y pourrait composer une élégie.

A ce moment même un léger fredon me passe dans l'oreille ; une voix fausse murmure auprès de moi le *Lac* de Lamartine :

« O lac, rochers muets, grotte, forêt obscure !... »

Je me retourne et m'aperçois que c'est la dame au chien qui commet cette mélodie ; elle est près de moi, mélancoliquement appuyée sur le bastingage, avec son animal favori sous le bras et M. Becker, se dessinant au second plan. Un souffle de fou rire me passe sur le visage ; je ne sais si le chien s'en aperçoit, mais il fait entendre un grondement de mauvais augure en me montrant ses dents blanches, contre lesquelles, ne jugeant pas à propos de faire la brave, je recule prudemment. Mais la maîtresse du roquet se prend à me faire des excuses et calme son petit monstre à l'aide d'un gâteau, moyen renouvelé de Cerbère et des Grecs. Il s'engage alors entre nous une conversation dont le sujet est naturellement le

panégyrique de Fandango, car tel est le nom
de l'intéressant animal. M. Becker mêle son
extase à la nôtre. Nous formons en ce moment
l'idéal du groupe niais.

A ma gauche, nous faisant contraste, était
le couple italien : ceux-ci admiraient sans em-
phase ni citations; la jeune femme avait un
petit album sur lequel elle crayonnait au vol
avec beaucoup d'habileté. Je puis voir son travail sans me faire taxer d'indiscrétion, car je
suis debout et mon regard passe naturellement
sur l'album dont la page reçoit l'esquisse
exacte de la villa Belgiojoso avant que nous
l'ayons perdue de vue.

Cette villa, qu'on appelle aussi Pliniana, est
située, dit-on, sur l'emplacement d'une maison
de plaisance possédée par le savant latin; on y
trouve la fontaine intermittente dont il parle
dans ses lettres, en s'extasiant fort sur un phé-
nomène que la science de nos jours explique
facilement.

Le site est de toute beauté. On voit, dans le
lointain, l'horizon nord borné par une belle
chaîne de montagnes; nous passons Nesso à l'est,

Argegno à l'ouest, Campo et nous entrons dans la partie la plus pittoresque du lac, qu'on appelle la Tremezzina. Nous nous arrêtons au point le plus central, Cadenabbia, qu'on nous a recommandé comme une des plus jolies stations du lac, et nous descendons à l'hôtel Bellevue, bien nommé entre tous ceux qui ont pris cette appellation banale. De là, on découvre, juste en face, la pointe de Bellaggio, une quantité de villages, d'hôtels, de villas, enfouis dans la verdure et les fleurs; tout cela se mirant dans des eaux d'une admirable transparence où le ciel se réfléchit tout entier, où le soleil jette de tous les côtés des paillettes d'or. Il y a dans cette vue une tranquillité, une poésie ineffables. Notre mère nature se montre là dans tout ce qu'elle a de souriant et de bon. Qui ne serait tenté de la croire alors aux petits soins pour l'homme, tout occupée de charmer ses yeux, d'agrandir son esprit et de réjouir son cœur? Qui pourrait, en la voyant sous un tel aspect, se l'imaginer inhumaine, furieuse, pleine de rigoureuses fatalités et d'inexorables indifférences?

Quoi qu'en disent les auteurs, la poésie et l'appétit vont bien ensemble. La vue de groupes installés aux petites tables de la salle à manger de l'hôtel fait trêve à notre extase et nous nous empressons d'aller y prendre place. Un hasard, que nous ne pouvons éviter, nous fait asseoir à la même table que M. Becker et celle que mon mari appelle Mme Fandango, depuis qu'il sait le nom du bichon chéri. La conversation se renoue; et, cette fois, je dois l'avouer, la dame gagne quelques points dans mon esprit. Elle n'est vraiment pas sotte; en dépit de son affectation, il y a chez elle de la sensibilité; sa coquetterie est un peu ridicule; mais elle ne me fait point l'effet d'une malhonnête personne; il y a de l'ingénuité dans son fait. En tout cas, je n'ai point à la juger ni à faire la prude : un voisinage de wagon et de déjeuner n'engage à rien.

Après le repas nous allons nous asseoir sur un banc entre deux arbres au bord du lac; nous regardons les barques qui glissent, les pêcheurs qui jettent leurs filets, les oiseaux qui passent, les étrangers, comparables à eux, qui sortent des hôtels et se promènent dans des toilettes de gravures de modes : ici, passe une belle amazone escortée d'un élégant cavalier; là, défile une cavalcade à ânes, dans laquelle une demi-douzaine d'enfants jettent des cris joyeux.

Devant nous, sur une petite plate-forme, est une longue-vue marine que plusieurs personnes viennent consulter. Je la braque à mon tour, non sans peine, car, grâce à ma maladresse, elle pivote obstinément dans la direction du Zénith; enfin, je tiens mon point, et je découvre toute la côte orientale; je distingue toutes les maisons de Bellaggio, dominées par la grande villa Serbelloni. Une grande agitation règne dans la petite rade où passent beaucoup de barques pavoisées; il y a foule sur le quai. On nous apprend alors que Bellaggio fait des régates ce jour-là même et que c'est une *great attraction*. Presque aussitôt une fanfare éclate de ce côté et les notes vibrantes, traversant le lac, viennent animer les échos de notre rive.

Nous voici décidés à prendre notre part de la fête, et nous sautons dans une barquette qui nous fait traverser le lac.

Bellaggio est situé à l'extrémité d'un promontoire qui pointe entre les deux branches méridionales du lac de Côme; on a en face de soi Cadenabbia et la continuation du lac du côté de Menaggio et Bellano; à gauche la branche dite de Lecco; à droite celle de Colico.

Quand nous débarquâmes il y avait déjà deux régates de courues; c'était une gloire à faire pâlir nos plus fiers canotiers de la Seine. Après avoir vu le succès d'une troisième course, nous laissâmes ce spectacle, d'un intérêt tout local, pour aller chercher les points de vue au sommet du promontoire où s'élève la belle villa Serbelloni, mercantilement transformée aujourd'hui en Grand-Hôtel. Après avoir sonné à deux ou trois grilles fermées, dont le *Sésame ouvre-toi* est toujours une pièce d'argent, nous entrons dans de magnifiques jardins qu'un domestique nous fait visiter. Bien que Nice nous ait habitués aux plantes exotiques, nous restons en admiration devant les espèces merveilleuses qu'on est parvenu à acclimater sur ces poétiques rivages. Que de soins et d'intelligence ont dépensé ces habiles jardiniers qui ont

cependant à lutter contre de rudes hivers! Ce
ne sont que palmiers, yuccas, coryphas, lata-
niers, cactus; partout des terrasses de fleurs,
des massifs de verdure, des futaies, où vivent
en douce fraternité les espèces les moins con-
génères.

Chemin faisant, notre guide nous fit remarquer un tunnel creusé dans le roc dont chaque
extrémité présente un point de vue ravissant :
d'un côté le village de Varenna, de l'autre la
villa Sommarive; on dirait deux tableaux enca-
drés se faisant symétriquement pendant. On
voudrait les avoir dans son salon.

Nous grimpâmes jusqu'au bois de pins qui
domine la colline; on y voit quelques ruines
d'un château historique de mauvaise réputation, d'où partaient, dit-on, au moyen âge, des
bandes de pillards, commandées par une espèce
de Barbe-Bleue.

Assez longtemps nous restâmes dans ce lieu,
ravis du site qui s'étalait devant nous, et que
poétisaient encore les barques pavoisées qui
achevaient leurs régates, la foule mouvante qui
les regardait, les fanfares qui saluaient les

vainqueurs et dont le son montait jusqu'à nous dans un air embaumé des plus délicieuses effluves. Il y faisait bien bon. Mais pas moyen d'y planter sa tente : au contraire, il fallait descendre de ce lieu de délices, et même, vu le peu de temps dont nous pouvions disposer, renoncer à aller voir la villa Melzi et l'hôtel Bellaggio (ancienne villa Frizzoni).

Notre retour fut encore plus agréable que l'allée ; nous le fîmes en compagnie d'une véritable flottille de barques, ramenant des touristes à la rive occidentale. L'éclat de ces canots qui laissaient flotter au vent des pavillons de tous les pays, leurs tentes multicolores abritant de belles et nonchalantes étrangères, les chants, les rires, le bruit des rames, et, par dessus tout, la sérénité du ciel que le soleil couchant remplissait de poussière d'or, tout cela portait à mon âme de très-douces impressions : il me semblait que mes facultés intellectuelles étaient doublées et ma vie légère comme l'aile de l'oiseau qui fend l'espace. Dans de tels moments la poésie prend réellement possession de notre être ; on oublie la vie matérielle, ses soucis, ses sottes réalités; il semble que tout soit au mieux dans le meilleur des mondes possibles et que toute l'existence devra s'écouler ainsi dans une barque onduleuse, sur un lac limpide et sous un ciel sans nuage !

Notre soirée à Cadenabbia se passa tranquillement; nous assistâmes à la première partie d'un concert qu'un pianiste hongrois donnait dans l'hôtel, puis nous allâmes voir l'effet de la nuit sur le lac. Toutes les étoiles scintillaient et le croissant lunaire, à son premier quartier, répandait une faible lueur sur les eaux tranquilles, où glissaient encore çà et là quelques barques errantes.

DOUZIEME LETTRE

VILLA SOMMARIVE. — STATUES DE CANOVA. — DE CADENABBIA
A MENAGGIO, PALLENZA ET LUGANO.
EGLISES ET THÉATRE DE LUGANO. — LE LAC MAJEUR.
LUINO. — STRESA.

Le lendemain, nous employâmes notre matinée à visiter la villa Sommarive, appelée aujourd'hui villa Carlotta, en l'honneur d'une princesse prussienne, dont le propriétaire actuel est veuf. Les jardins sont moins beaux que ceux de la villa Serbelloni et les points de vue moins étendus; mais cette habitation renferme des objets d'art précieux. Dans la salle d'entrée se trouvent les bas-reliefs du sculpteur Thorwaldsen représentant la suite du triomphe d'Alexandre. Au milieu de cette pièce on voit aussi le groupe de Mars et Vénus qui passe pour un des meilleurs de Canova. Les traits de Napoléon se retrouvent dans ceux du dieu de la guerre comme ceux de Pauline dans la mignonne petite femme qui s'efforce de le retenir. Tout près de là est le groupe de l'Amour et Psyché tant reproduit. Il est fort gracieux, mais n'en appartient pas moins à cette école néo-gréco-romaine dont Canova fut le maître incontesté et qui n'est pas, au fond, aussi antique qu'il le croyait. J'aime mieux sa Madeleine qui se voit dans la même villa ; cette composition a des qualités de suavité, de morbidesse et de fini bien plus appréciables, à mon avis, que le vernis conventionnel des œuvres dans lesquelles Canova prétendait être plus grec que les Grecs.

Après avoir visité la chapelle ornée d'un beau mausolée du comte de Sommariva, nous revînmes en flânant le long du quai et nous nous préparâmes à prendre le bateau qui allait passer.

Peu après nous filions sur Menaggio et nous

y débarquions à onze heures, juste à temps pour prendre l'omnibus de Porlezza qui correspondait exactement avec le bateau à vapeur de Lugano.

Ce trajet fut médiocrement agréable : il faisait très-chaud ; la voiture était faite de telle façon qu'il fallait se donner un torticolis pour attraper un point de vue. J'avais pour voisin M. Becker qui ne cessait de causer avec Mme Fandango en caressant son chien. Les jeunes mariés étaient à l'autre bout de la voiture, sommeillant chacun dans un coin : je finis par en faire autant, accablée que j'étais par la chaleur. Il fallut se réveiller à Porlezza et même y déployer assez d'activité pour s'embarquer sur le bateau qui sifflait à briser les oreilles.

Nous sommes en Suisse, car Lugano est une des trois villes principales du canton du Tessin. Le lac sur lequel nous naviguons est moins riant que le lac de Côme, mais il a néanmoins du charme et devient même tout à fait joli quand on approche de Lugano. Cette ville se présente très-bien ; elle est au fond d'un petit golfe dominé par deux collines verdoyantes, le Mont Bré à l'est et le San Salvador à l'ouest. Nous descendons à l'hôtel Bellevue où nous sommes suivis de près par le jeune couple italien. Je constate avec une nuance de satisfaction que le trio Fandango s'en va à l'hôtel Washington.

Je t'avouerai, ma chère amie, que le premier emploi de mon temps à Lugano fut de sommeiller une petite heure, ce qui me reposa complètement et me rendit toute prête à visiter la ville. Comme presque toujours la cathédrale eut notre première visite; mais il fallut grimper par des rues fort raides. Le portail est assez beau et la façade a de l'ampleur; on la dit dessinée par Bramante, mais c'est une prétention qu'ont beaucoup d'églises dans ces contrées.

Nous revenons sur le quai; nous allons jusqu'à l'hôtel du Parc dont le jardin est semé de jolies fleurs et d'élégantes étrangères; de là, nous entrons dans l'église Santa-Maria degli Angeli, située tout près. Elle renferme une grande fresque de Luini en bon état de conservation et d'une exécution remarquable. Le

peintre a traité en compartiments la suite des
scènes de la Passion, groupées autour du Cru-
cifiement. En fait de détails, je te prie de remarquer le diablotin noir perché sur la croix du
mauvais larron: il figure l'âme damnée exha-
lée par ce malheureux, tandis qu'un angelet,
blanc comme neige, représente de l'autre côté
l'âme du voleur repentant.

En quittant Santa-Maria degli Angeli, nous
reprenons notre promenade sur le quai orné
d'assez jolis magasins; nous remarquons ceux
où l'on vend des petits paniers de jonc, agré-
mentés d'ornement en laine et en chenille, absolument semblables à ceux que nous appelons
couffins à Nice.

Nous passons devant une statue de Guil-
laume Tell; on voit bien que nous sommes en
Suisse; pas une ville de la Confédération helvé-
tique où le légendaire archer ne soit plus ou
moins exécuté en effigie.

Comme nous rentrions à l'hôtel, le hasard
nous fit rencontrer un docteur que nous avons
connu à Nice, et un musicien qui faisait aussi
partie l'hiver dans cette ville d'un orchestre

organisé par un seigneur russe pour son plaisir particulier. Il nous apprend que ce personnage, aussi connu par son opulence que par ses fantaisies artistiques, est en train de se faire bâtir à Lugano un château au moins égal en magnificence à celui qu'il possède à Nice. Le musicien nous apprend encore, pendant le dîner, qu'il y a un théâtre à Lugano, et que *Il Trovatore* qu'on y donne ce soir ne va pas trop mal. Cela nous décide à y aller passer notre soirée; c'est même surprise pour nous de trouver une jolie salle et des artistes assez bons. Parmi eux je reconnais un ténor que nous avons eu un hiver à l'Opéra de Nice.

Le lendemain matin, à huit heures, nous étions sur la place de Lugano, derrière l'hôtel Washington, attendant le départ des voitures dans lesquelles nous avions, depuis la veille, retenu des places pour Luino. Tout se prépare avec une patriarcale lenteur qui nous reporte aux temps rétrogrades où florissaient la patache et la diligence. Beaucoup de voyageurs attendent, comme nous, auprès de leurs bagages, qu'on appelle leurs noms pour les colloquer

dans une des voitures présentes. Il y en a de
toutes les façons : omnibus, breaks, calèches,
cabriolets, plus ou moins endommagés; il est
une voiture, entre autres, aux roues de laquelle
on travaille pendant plus d'une demi-heure en
la soulevant avec une petite enclume à roulettes
dont le jeu nous amuse. Enfin, l'appel a lieu,
et le sort nous assigne une espèce de landau
attelé de deux haridelles, où sont déjà assis les
mariés italiens. Dès que le jeune homme nous
voit monter, il s'empresse poliment de me céder
la place du fond, à côté de sa femme. Cette attention, jointe à la perspective de faire la route
ensemble jusqu'au lac Majeur nous fait engager
la conversation. Nous trouvons des gens fort
bien élevés, parlant gentiment le français. Le
mari connaît de plus très-bien l'allemand; il
nous apprend qu'il est médecin à Florence,
qu'il a étudié en Allemagne et à Paris et que
Mme Francesca Albini, sa femme, est également
née à Florence. Nous sommes bientôt en pleine
sympathie; en parlant de Paris, de Dresde,
de Cologne, on en vient à citer quelques personnes connues des uns et des autres, ce qui

met toujours en grand pays de connaissance.

Le temps est beaucoup plus beau que la veille; nous entrons dans une charmante vallée parfaitement cultivée; mais tout à coup nos chevaux, voyant devant eux une pente raide et doublement difficile à cause d'un empierrage nouveau, jugent à propos de s'arrêter net. Nous nous décidons à descendre, ce dont ces fantômes de chevaux paraissent ravis. Je crois même qu'ils se bercent du doux espoir que nous ferons toute la route à pied, car ils s'obstinent encore à ne pas bouger et le cocher en est aux cent coups. Il ne s'en tirerait jamais sans M. Albini qui va à son aide. Il lui dit de se mettre à la tête des chevaux, puis, montant sur le siége, rassemble les rênes, et avec autant d'habileté que de complaisance, vient à bout de l'attelage récalcitrant. Ce succès d'automédon lui vaut notre légitime admiration; il en paraît touché, mais beaucoup moins que du trouble de sa petite femme, qui avait eu grand peur que la voiture ne versât avec son mari.

Nous en sommes quittes pour une assez longue promenade à pied; après quoi, nous remontons en voiture, et, tant bien que mal, obligés par ci par là de descendre encore, nous franchissons quatre chaînes de collines qui offrent des points de vue charmants et variés. Nous passons par quelques villages: Agno, où le lac, dont on s'était éloigné, reparaît tout à coup, Ponte Stresa où le lac laisse écouler une sorte de canal naturel qui le joint au lac Majeur. Nous subissons une douane fort bénine à une petite station où nous avons aussi le loisir d'acheter quelques beaux fruits et nous arrivons à Luino sur le lac Majeur, après quatre heures de voiture qui nous ont paru courtes.

Luino est dominé par de jolies collines; mais notre intention est de ne nous y arrêter que le temps nécessaire pour déjeûner à l'hôtel du Simplon et aller voir dans l'église paroissiale quelques fresques de Luini dont ce bourg est, dit-on, la patrie. C'est pour nous une déception, car les peintures sont très-effacées et nous avons vu quantité de meilleures œuvres de ce peintre lombard à Milan.

Peu après, nous étions embarqués sur le bateau à vapeur et nous voguions vers Stresa.

Le lac Majeur est entouré de montagnes élevées et rappelle, sous plusieurs rapports, le lac de Genève, auquel je le préfère peut-être ; la variété de ses aspects est très-grande ; on passe d'un site sauvage à un point de vue riant, et, par moments, des éclaircies entre les montagnes laissent apercevoir les cimes neigeuses des hautes Alpes.

Le bateau est encore plus confortable que celui du lac de Côme ; nous y trouvons un coin délicieux, bien abrité du vent et du soleil. M. Albini et mon mari y installent des pliants et nous causons comme de vieux amis, car, décidément, nous nous allons.

Réapparition du trio Fandango. Mme Albini est la première à le remarquer ; la petite moqueuse a déjà fait ses réflexions sur le roman qui paraît en train de s'ébaucher entre M. Becker et la dame au chien. Nous ne nous gênons pas pour en rire.

Cependant le lac se déroulait, dérobant parfois son étendue ; parfois, s'étalant tout à coup dans une nappe superbe ; on s'arrête à des escales charmantes : Ghiffa, Porto, San-Pietro,

Castello, Calde, Intra, où le lac se creuse en une jolie baie, portant à son extrémité méridionale la ville de Pallenza, au-dessus de laquelle on peut apercevoir vers l'ouest les pointes des Mischabels et les glaciers du Mont Rose.

Après avoir traversé le lac pour débarquer quelques voyageurs à Laveno sur la rive occidentale, nous revînmes à l'ouest sur Stresa : c'est là que nous voulions descendre et rester le temps nécessaire pour faire notre excursion aux îles Borromées.

Quatre heures sonnaient à l'horloge du vestibule de l'hôtel de Milan quand nous y entrâmes. Les Albini prirent une chambre voisine de la nôtre. La jeune femme ne fut pas long-temps à sa toilette ; je la vis bientôt sur le balcon de sa fenêtre, toute radieuse, et regardant, avec une joie d'enfant, les îles Borromées qui, juste en face de nous, sortaient du lac, comme des corbeilles de fleurs. Elle me passa sa lorgnette et je pus distinguer les dix terrasses superposées de l'Isola Bella, et la licorne colossale qui les domine.

Etant descendues presque aussitôt, nous trouvâmes nos maris causant ensemble devant l'hôtel et désirant vivement, disaient-ils, notre haute approbation pour un projet qu'ils venaient de former. Il s'agissait d'employer le temps jusqu'au dîner à faire sur la route de Baveno, au bord du lac, une promenade pour laquelle on nous proposait justement une petite calèche à quatre places. Ce projet nous convint d'autant mieux que nous étions embarrassées de l'emploi de notre soirée.

Cette petite excursion se trouva charmante. Le lac, vu à cette heure, offrait quelque analogie avec celui de Côme; même transparence des ondes, même pureté de l'atmosphère, même calme de la terre et du ciel. Sur notre gauche, nous voyions les quatre îles Borromées, à l'entrée de la jolie baie comprise entre Pallenza et Stresa. A droite la vue était limitée par une chaîne de montagnes agrestes que dominait le Motterone. Notre cocher nous dit qu'on en faisait le but d'une excursion très-intéressante et qu'on jouissait au sommet d'une vue très-étendue sur les lacs d'Orta, de Varèze et Majeur, les plaines de la Lombardie et les Alpes depuis le Mont-Rose jusqu'au Tyrol. C'était assez tentant; mais, outre que l'ascension devait durer au moins quatre heures, on nous dit que les taillis qui couvrent les revers du Motterone sont pleins de vipères, et il n'en fallut pas davantage pour en faire subitement passer la fantaisie à Mme Albini et à moi.

C'est entre Baveno et le lac d'Orta, dans les ramifications du Motterone, que se trouve une carrière de granit rose, d'où ont été tirées, entre autres belles choses, les colonnes de la porte d'entrée du Dôme de Milan.

Quand nous rentrâmes à Stresa, il était près de huit heures; la table d'hôte était enlevée; mais nous n'y perdîmes point; au contraire, nous fîmes un dîner intime beaucoup plus agréable, dans un petit salon, en société des Albini. En vérité, ils sont charmants de jeunesse, de gaîté et d'esprit de bon aloi. Nous devînmes si gais au dessert que je leur fis la réflexion suivante : « C'est étonnant comme notre situation me rappelle celle d'une opérette française, dans laquelle deux jeunes mariés comme vous se trouvent faire un voyage de noces avec un couple déjà mûr. J'aime à penser que mon mari et moi ne sommes pas aussi ridicules que les Poulardeau ; mais pour la grâce et la gentillesse, vous rappelez certainement les autres.

» M. Albini, qui avait vu jouer les *Cent-Vierges* à Paris, se mit à rire : — J'espère bien, fit-il, qu'il ne nous arrivera pas des catastrophes aussi excentriques qu'à ces deux ménages, et qu'il ne nous restera de cette rencontre que le plaisir de vous avoir connus. — Pour moi, dit la jeune femme, je ne sais rien des opérettes françaises, on les joue chez nous; mais on n'y conduit pas les jeunes filles. »

Notre soirée s'acheva dans le grand salon de l'hôtel; il n'y avait avec nous qu'un vieux monsieur anglais qui dormait sur le *Times*. Mme Albini se mit au piano et nous joua avec goût et sensibilité quelques jolis passages d'opéras italiens; puis ayant bien réglé d'accord l'emploi de notre journée du lendemain, nous allâmes dormir, contents de celle qui venait de se terminer.

TREIZIÈME LETTRE

13ᵐᵉ journée.
Samedi, 11 septembre.

ISOLA BELLA ET ISOLA MADRE. — UNE TEMPÊTE.
BAL COSTUMÉ DES PLUS BIZARRES.

Oh! quelle honte! Imagine-toi, ma chère amie, que le lendemain, à dix heures passées, nous dormions encore! Nos volets, soigneusement fermés, la veille, nous ont joué ce tour et sont notre excuse. Puis, il faut l'avouer, si agréable, si variée, si charmante pour l'esprit que soit cette locomotion perpétuelle, elle fatigue un peu le corps et le moment arrive où quelques heures de sommeil de plus sont nécessaires pour équilibrer les facultés.

Je m'empresse de m'habiller et de descendre à la salle à manger où, fort heureusement pour mon amour-propre, les Albini arrivèrent quelques minutes après, encore tout ensommeillés. Un joyeux bonjour fut échangé; nous déjeunâmes ensemble; puis, nous allâmes choisir une jolie barque à tente rouge, et nous voilà partis pour les îles Borromées.

Nous avions pour bateliers deux braves gens, père et fils, dont le premier surtout ne demandait qu'à causer. Entre autres choses, ils nous apprirent que la famille Borromée a conservé le privilége de l'impôt sur la pêche du lac Majeur et que cela lui rapporte une cinquantaine de mille francs par an; mais il lui en coûte presque autant pour entretenir les merveilles improductives de l'Isola Madre et de l'Isola Bella.

Ces deux îles seules attirent les touristes; il y en a encore deux autres qui complètent l'Archipel; ce sont : l'Isola superiore, uniquement habitée par des familles de pêcheurs, et l'Isola S. Giovanni où il n'y a rien à voir. En conséquence, nous fîmes aborder à la côte Est de l'Isola Bella qui, à mesure que nous nous en étions approchés, avait surgi du sein des flots, comme un décor monté lentement, d'après toutes les règles de la féerie théâtrale. Ce caprice princier, éclos au XVIIe siècle dans l'imagination du comte Vitalien Borromée n'a pas échappé à la critique, et quelques moqueurs ont traité de château de sucre cette fantaisie brillante. Je ne suis pas de cet avis. Évidemmènt il y a quelque chose de recherché et de trop artificiel dans l'ensemble de ces bâtiments et de ces jardins suspendus; mais le charme est puissant, l'étrangeté réelle, et les difficultés vaincues jettent l'esprit dans une sincère admiration.

Nous abordâmes donc à l'Est et nous entrâmes dans le palais par un côté où les constructions sont encore incomplètes. L'escalier et le vestibule ont assez de style; les appartements sont beaux et parfaitements tenus; la salle des fètes surtout est remarquable, et je fus de l'avis de Mme Albini qui aurait bien voulu y voir donner un grand bal. Plusieurs tableaux de prix dont quelques-uns sont signés Lebrun, Lucas Giordano, Titien, Procaccini, etc., ornent les murailles. Le guide nous fit remarquer une série de paysages peints par le chevalier Tempesta qui, s'étant réfugié dans Isola Bella, après avoir fait périr sa première femme, charma les loisirs que lui donnait cette situation criminelle en faisant pour ses hôtes, de nombreuses peintures. Elles m'ont paru bien noires. Est-ce l'idée de la culpabilité du peintre qui les rembrunissait ainsi à mes yeux? Mme Albini était de la même opinion et trouvait affreux d'expression le visage de la seconde femme de Tempesta, qui, véritablement, a l'air de vous regarder avec des yeux profonds et inexorables.

Au sortir de la salle de bal, nous allâmes nous appuyer sur un balcon surplombant au-dessus du lac qui réflétait tout le château. Cet effet mystérieux, le silence profond, ces grands appartements si ornés et si vides, tout cela fait rêver au palais enchanté de la Belle-au-Bois-dormant. Tout y semble assoupi par l'influence d'une baguette magique.

De là, nous descendîmes à l'étage inférieur où se trouve une succession de grottes voûtées tout en rocailles avec des statues et des mosaïques curieuses. Une fois le palais vu, on nous fit passer dans les jardins; notre guide

sonna une cloche à une grande grille ; un jar-.
dinier vint à cet appel et se fit à son tour notre
cicerone.

Il nous mena de terrasse en terrasse, à travers des bosquets, des charmilles, des allées
où brille la plus splendide végétation, montant des escaliers ornés de statues jusqu'à la
dixième et dernière terrasse au-dessus de laquelle la licorne fantastique élève vers le ciel
la sainte devise de la famille des Borromée :
Humilitas.

J'ai constaté à Isola Bella la complaisance du
guide-jardinier ; outre les nombreuses explications qu'il nous donnait, soulevant ici l'immense
rideau de verdure fait d'une seule branche qui
suffit à recouvrir toute une arcade, nous montrant là, sur l'écorce d'un laurier, les faibles
traces du mot *Battaglia* que Bonaparte y inscri-
vit deux jours avant Marengo, il eut encore la
gracieuseté de nous cueillir plusieurs jolies
fleurs à Mme Albini et à moi. La jeune femme
en était ravie ; à son âge la question des fleurs
a une grande importance ; et elle tenait beaucoup à les conserver dans un album comme

précieux souvenir de son voyage de noces.

De l'Isola Bella nous allâmes à l'Isola Madre qui en est séparée par un canal d'à peu près quinze cents mètres de largeur. Ses jardins sont plus grands et peut-être supérieurs à ceux de l'Isola Bella ; l'art s'y fait moins sentir ; il n'y a que quatre étages de terrasses et tout au haut un grand bâtiment qui ne ressemble point à un palais. Quoique aussi abondante en plantes exotiques et rares, l'île paraît plus agreste. Nous remarquâmes des paons, des pintades, des faisans et des coqs de bruyère, qui se promenaient librement, semblant faire les honneurs de chez eux sans s'effaroucher, et, d'autre part, des oranges et des citrons aussi beaux qu'à Nice.

Toute l'après-midi avait passé dans ces explorations qui eussent été fatigantes (car nous fîmes bien des kilomètres en gravissant les jardins), sans le repos que la barque vint nous apporter dans l'intervalle de l'une à l'autre île. Comme nous quittions l'Isola Madre vers six heures, les bateliers nous firent remarquer un très-petit nuage qui flottait au-dessus d'une montagne à l'ouest, en nous disant que c'était le signe d'un orage prochain. Nous avions peine à les croire, tant le ciel était bleu et la surface du lac paisible. Et, cependant, nous n'étions pas à la moitié du chemin de retour que la brise fraîchit considérablement, une petite houle commença à se faire sentir et le nuage à s'étendre comme un éventail qui se déploie peu à peu. Les mariniers firent force de rames pour arriver à Stresa avant le commencement de l'orage qui s'annonça bientôt par de sourds grondements de tonnerre et de larges gouttes de pluie. M\u1d50\u1d9c Albini n'eut, heureusement, pas le temps d'avoir un grand effroi, car nous fûmes dans le port de Stresa avant qu'il y ait eu l'ombre d'un danger. Mais, moins d'un quart d'heure après, pendant que nous dînions tous les quatre dans le même petit salon que la veille, le tonnerre éclata avec un fracas terrible, répercuté par tous les échos des montagnes, accompagné de grands éclairs qui, par l'effet de la réflexion, semblaient se plonger au plus profond du lac. Nous contemplions ce spectacle à travers les vitres de la fenêtre, fermée à cause de la violence du vent, et nous plaignions ceux des pêcheurs qu'aurait surpris la tempête. Mais on nous rassura en nous affirmant que cela arrivait rarement, les mariniers du lac étant si habitués à prévoir les tempêtes d'après les plus légers symptômes, qu'ils sont presque toujours à temps pour s'en garantir.

La violence de la pluie en abrégea la durée; vers neuf heures l'orage s'apaisa et, à travers quelques nuages blanchâtres, la lune déjà bien avancée dans son premier quartier, se montra entourée de quelques pâles étoiles.

Nous montâmes alors dans nos chambres. Comme les Albini nous disaient bonsoir sur le palier, je remarquai, sur un des carreaux de la porte vitrée qui fermait l'escalier de l'hôtel, une assez grande affiche dont le texte n'attira pas du tout mon attention, mais au-dessus de laquelle flamboyait une bande de papier blanc portant en gros caractères : « *On trouve des billets ici.* » Je n'y fis pas autrement attention, car j'avais grand sommeil; cependant cette affiche devait être l'occasion d'une surprise

assez singulière qui vaut peut être la peine de
t'ètre racontée.

Imagine-toi que, comme je commençais à
me décoiffer, j'entendis frapper à ma porte et,
aussitôt la voix de Mme Albini me dit d'un ton
très-pressant : — « Oh ! je vous en prie, ne vous
couchez pas ! Il y a du nouveau et du très-in-
téressant. » Tu me connais assez curieuse pour
deviner qu'il n'en fallait pas davantage pour
me faire ouvrir très-promptement ma porte.
Juge de ma surprise en voyant Mme Albini cou-
verte d'un grand domino de soie bleue et un
masque à la main. — « Sommes-nous au car-
naval de Venise ? lui demandai-je. » — « A peu
près, répondit-elle en riant ; seulement, ce sera
encore plus joli. Il se donne une fète splendide
cette nuit à l'Isola Bella, dans le palais des Borromée ; c'est un bal costumé auquel nous pouvons assister en prenant des billets dans l'hôtel.
Nous venons de nous en procurer, ainsi que des
dominos et des masques qui se louent en bas ;
un bateau à vapeur nous attend pour nous
emmener. Faites comme nous ; venez-vite ! »

Mon mari et moi accueillîmes cette commu-

nication avec plus d'étonnement que de satisfaction; nous descendîmes à la hâte dans le vestibule déjà plein de personnages masqués et en
dominos. Nous eûmes bientôt fait choix d'un dé-
guisement semblable à celui des Albini; puis,
sans trop nous rendre compte de la rapidité
de l'embarquement, nous nous trouvâmes à
bord du bateau qui nous attendait à l'embarcadère. Chose singulière! il n'y avait plus trace
d'orage; le ciel était plus beau que la veille. En
un rien de temps nous arrivâmes à l'Isola Bella
dont les dix terrasses étaient illuminées par des
rampes de gaz; la dernière avait de plus, sur
la tête de la licorne, un énorme fanal rose.

Le palais était complètement éveillé de son
sommeil séculaire. Tout le long de l'escalier se
tenaient des laquais en grande livrée rouge et
or, bas de soie et perruques poudrées. Tous les
lustres étincelaient; il y avait des fleurs à foi-
son et les salons étaient remplis d'une foule
aussi brillante que celle de nos grands bals
d'hiver à Nice. La salle des fêtes, où nous arrivâmes avec quelque peine, était envahie par
une foule de danseurs qui tourbillonnaient aux

accents entraînants de la valse de Faust, exécutée par un orchestre invisible. Beaucoup de
costumes historiques : je remarquai un François Ier, un Visconti, un Borgia, un Méphisto-
phelès, celui-ci ressemblant trait pour trait à
M. Becker. Le chevalier Tempesta et sa femme
passèrent tout à coup devant nous ; ils ressem-
blaient tellement aux portraits que nous avions
vus dans la journée que nous nous empressâmes
d'aller constater l'exactitude des costumes. Juge
de notre surprise en voyant les cadres vides
de leur image et remplis seulement par un fond
noir comme de l'encre. — Qu'est-ce que cela
signifie? demanda Mme Albini d'un air effrayé.
J'allais répondre sur le même ton, lorsqu'une
grande rumeur s'éleva tout à coup du côté des
salons d'entrée, l'orchestre s'arrêta court et un
grand cri : « Sauve qui peut! voici un chien
enragé! » se fit entendre parmi les danseurs
affolés. En ce moment je vis passer ou, pour
mieux dire, cabrioler dans l'espace, en faisant
des sauts vertigineux, le misérable petit Fandango, avec une casserole attachée à sa queue
par un ruban rose!

Tu comprends, ma chère amie, que cette dernière émotion est de celles auxquelles l'organisme humain ne résiste pas. Je fis un saut à mon tour, et... je me réveillai.

Car, tu peux t'en douter, j'étais bel et bien dans mon lit. Mon mari dormait du sommeil du juste, sans masque ni domino, et je m'étais mis toutes ces folies en tête par les souvenirs mêlés du couple Tempesta, de la Belle au bois dormant, de l'affiche rose et de Fandango.

QUATORZIÈME LETTRE

14me journée.
Dimanche, 12 septembre.
15me journée.
Lundi, 13 septembre.

DIMANCHE A STRESA. — JOURNÉE DU LUNDI. — DE STRESA
A ARONA. — QUELQUES MOTS EN PASSANT SUR LES COLOSSES
ANCIENS ET MODERNES. — RETOUR A MILAN.

Notre journée du lendemain se passa bien tranquillement. C'était dimanche : nous entendîmes la messe dans l'église de Stresa où nous revînt, avec quelque regret, le souvenir de l'office que nous avions entendu la semaine précédente dans la cathédrale de Milan.

Le temps était à peu près remis de l'orage de la veille ; néanmoins il y avait encore des nuages attachés au flanc des montagnes et quelques coussins de brume posés sur leurs

sommets. Il faisait relativement frais, à ce
point qu'à cause de l'humidité il était bon de
s'emmitoufler un peu.

Après le déjeuner, Mme Albini vint me demander mon aide pour bien arriver à sécher
les fameuses fleurs qui devaient être l'éternel
memento de son excursion aux îles Borromées;
nous passâmes quelque temps à ce petit travail,
puis à mettre en ordre des vues photogra-
phiques et des dessins pris sur la route; après
quoi, vers trois heures, nous reprîmes le même
canot que la veille, pour faire une petite exploration de la baie, en suivant les côtes d'aussi
près que possible. Cette facile excursion nous
récréa beaucoup sans nous fatiguer; nous vîmes
ainsi en perspective Baveno, Fariolo, Sana,
Pallanza. Tous les débarcadères étaient animés
d'une foule très-élégante; les bateaux à vapeur
les accostaient et les quittaient surchargés
d'excursionistes du dimanche et nous rencon-
trions à tout instant des barques comme la
nôtre, portant des flâneurs aussi joyeux que
nous. Et ce n'était pas peu dire; car, véritablement, nous étions très-gais; notre jeune couple

était si intéressant et sa joie si communicative
que tout nous semblait sujet d'amusement, et
nous avons ri ce jour-là de ce bon rire qui fait
tant de bien et ne se retrouve pas souvent dans
la vie.

Nous passâmes la soirée dans l'hôtel, sans
veiller tard, car il fallait être matinal le lendemain pour ne pas manquer le bateau d'Arona
qui passait à huit heures.

Nous fûmes à temps. Après avoir passé devant Belgirate, Leza, Meïna, nous arrivâmes
vers dix heures en vue d'Arona, située dans
un endroit qui semble fermer complètement le
lac Majeur, bien que, de fait, il se continue encore un peu au-delà de cette ville. Un peu avant
d'arriver dans son port, on aperçoit à droite,
sur une des collines la statue de saint Charles
Borromée, un des rares essais de sculpture colossale chez les modernes.

Vue ainsi, à distance, elle impressionne peu
et ne semble pas énorme. — « Est-il possible
que ce soit là cette grosse statue dont on parle
tant? » disaient Mme Albini et plusieurs autres
personnes.

Pour ce qui est de mon goût particulier, j'apprécie peu ces énormités qui coûtent beaucoup de travail et d'argent sans valoir ordinairement grand'chose sous le rapport artistique. De loin, elles perdent leur effet; de près, leur monstruosité effraie l'œil. Les anciens aimaient fort ces grandes statues; les ouvrages antiques en mentionnent plusieurs, et quelques ruines attestent encore la puissance des moyens mécaniques dont on devait disposer dans ces temps reculés.

Sans parler des temples hindous de Salcette et d'Ellora qui sont positivement peuplés de géants de pierre dont l'origine se perd dans la nuit des temps mythologiques, les déserts de l'Afrique gardent encore, à demi-noyés dans leurs sables, les restes de la colossale statue de Memnon, le sphinx monolithe et l'Osymandias.

L'art grec s'exerça aussi sur les statues géantes; mais aucune ne nous est restée. La Minerve du Parthénon et le Jupiter d'Olympie devaient paraître d'autant plus gigantesques qu'ils étaient placés dans des temples; le dernier manquait même tellement de proportions avec son local que, s'il avait voulu se lever, il eût emporté le toit sur sa tête. Le fameux colosse de Rhodes avait, en plus de la curiosité, l'utile avantage de servir de phare aux navigateurs.

Les Romains ont élevé, entre autres grandes statues, le Jupiter Capitolin, fondu avec le bronze provenant des armures prises sur les Samnites; puis l'Hélios que Néron fit ériger sous ses propres traits en face de la Maison dorée.

De nos jours les Allemands viennent d'élever dans la forêt de Teutobourg, près de Detmold, la statue symbolique d'Arminius dont les journaux illustrés ont fait connaître partout le travail et les dimensions, qui surpassent les plus colossales statues de notre temps. La tête seule à quinze pieds de haut. Après elle, vient la grande statue de la Bavière, placée près de Munich (66 pieds de haut), à l'entrée du Panthéon germanique; puis, si je ne me trompe, un Jupiter qu'on voit dans les jardins de la villa Pratolino, près de Florence, conçu dans un but ornemental de perspective, et qu'on attribue à Jean de Bologne. Il est encore plus haut que la statue de saint Charles Borromée. On peut encore citer la Vierge colossale du Puy, élevée sur une colline, en mémoire du dogme de l'Immaculée Conception[1].

Pour en revenir à celle d'Arona, nous ne tenions pas à la voir de près, ni à tenter dans son intérieur une ascension difficile, pour le vain plaisir de s'asseoir dans le nez du saint et de regarder par ses yeux des échappées de vue qu'on découvre de beaucoup d'autres places plus commodes. Le séjour d'Arona nous tentait peu. Nous n'avons pas même traversé la ville, car la gare est à deux pas de l'embarcadère, et le train pour Milan allait partir; les guichets pour la distribution des billets étaient encore ouverts, mais il ne fallait pas s'amuser. Dans ce court intervalle nous fûmes entourés par des marchandes de pêches et de raisins qui se disputèrent violemment nos achats et faillirent

1. Tous les colosses, anciens et modernes, seront surpassés par la statue qu'on va placer à l'entrée du port de New-York. Elle représentera la Liberté et servira de phare.

mettre en retard Mme Albini et moi en s'obstinant à fourrer dans nos paniers plus de fruits que nous n'en voulions emporter.

Il était à peine deux heures quand nous arrivâmes à Milan ; nous avions déjeûné passablement sur le bateau et ne ressentions aucune fatigue. Nous pouvions donc très-bien profiter de l'après-midi qui nous restait. D'accord avec les Albini qui vinrent à notre hôtel, nous décidâmes de passer la nuit à Milan et de partir le lendemain pour Venise par le train d'une heure. Après quoi, nous retournâmes tous quatre au Musée Brera ; puis nous fîmes une promenade en voiture qui nous reporta à tous les lieux que nous tenions à revoir ; après avoir dîné à l'hôtel, nous allâmes aux galeries Victor Emmanuel. Entre la promenade, la causerie, le concert, les journaux et les glaces du café Fumagalli, nous atteignîmes facilement onze heures.

QUINZIÈME LETTRE

16ᵐᵉ journée.
Mardi, 14 septembre.

DE MILAN A VENISE. — VUE A VOL D'OISEAU DE BERGAME,
BRESCIA, PESCHIERA, VÉRONE, VICENCE. — PADOUE. — VIADUC
DE MESTRE. — ENTRÉE NOCTURNE DANS VENISE.

A une heure, le lendemain, nous partions
pour Venise. Certes, si nous avions eu plus de
temps à notre disposition, nous n'eussions pas
fait le trajet direct. Cet intervalle est semé de
stations très-intéressantes sous le rapport de
l'art et des souvenirs artistiques; mais ne pouvant pas nous y arrêter un temps suffisant,
nous préférons aller droit sur Venise pour y
passer quelques jours, capables de nous donner
au moins une petite idée de cette unique et
mystérieuse cité. Tel était aussi le projet des

Albini qui avaient exprimé l'aimable désir de ne pas nous quitter en route.

En conséquence nous nous trouvions à la gare de Milan, la jeune femme et moi, réfugiées dans un coin, pendant que nos maris s'occupaient de l'enregistrement des bagages; nous remarquâmes alors l'arrivée du trio Fandango que nous n'avions plus aperçu depuis Baveno, où ils étaient descendus sur le lac Majeur avant nous. La dame avait, comme nous, remis à son cavalier le soin des billets, et attendait, assise à l'autre extrémité de la salle, ayant sur les genoux son chien, mais mystérieusement réintégré dans le coussin trompeur.

Tout à coup, M. Becker, qui paraissait très-affairé, passa sans nous voir devant la banquette où nous étions, et s'adressant, sans salutation préalable, à trois jeunes gens qui causaient debout à peu de distance, il leur dit rapidement ces mots : « *I am obliged to go to Verona, because she wishes to see Juliet's tomb. T'is only one day lost. We shall meet at Venice.*

» Je suis obligé d'aller jusqu'à Vérone, car

elle veut s'y arrêter pour voir le tombeau de Juliette; mais c'est seulement un jour de retard; nous nous retrouverons à Venise. »

Les autres firent un signe d'intelligence et répondirent simplement : « *All right!* »

Je fut fort surprise et j'allais faire part à Mme Albini de l'étonnement que cette phrase anglaise me causait, lorsque nos messieurs arrivèrent billets en main, en nous disant de nous dépêcher, ce qui me fit oublier l'incident.

Rien de plus charmant que ce voyage à travers la Lombardie; on traverse continuellement de fertiles plaines limitées au nord par les Alpes, et dans lesquelles apparaissent à tout instant des villes d'un aspect superbe.

Voici d'abord Bergame, dont le nom évoque la joyeuse idée d'Arlequin dans le domaine de la fantaisie et dans celui de la réalité artistique le nom de Donizetti. La ville se présente en amphithéâtre sur de riantes collines entre le Brembo et le Serio. On voit très bien ses fortifications imposantes, ses gais boulevards; du chemin de fer on comprend parfaitement sa division en haute et basse ville, cette dernière, toute neuve, s'étalant dans la plaine.

De Bergame à Brescia la plaine devient encore plus belle; les cultures, extrêmement soignées, donnent l'idée de la fertilité d'une riche nature jointe au travail intelligent de l'homme.

Brescia est située en plaine entre la rivière Mella et un canal; de tous côtés d'importantes forteresses la dominent; on n'est qu'à quelques kilomètres des grandes Alpes. Cette ville abonde en souvenirs historiques; à nous Français revient celui du vertueux Bayard qui, y ayant été blessé au siége de 1512, y fut soigné avec une générosité touchante dont était d'ailleurs digne le chevalier sans peur et sans reproche. Outre ce souvenir héroïque on se rappelle encore l'infortuné Arnaud de Brescia, brûlé à Rome en 1157, et, parmi les artistes, le peintre Alessandro Bonvicino, dit *Il Moretto*.

Bientôt nous apercevons, assez bas au-dessous de nous, le pâle et tranquille miroir du lac de Garde, pour lequel beaucoup de voyageurs descendent à Lonato.

Peschiera n'offre de remarquable au pas-

sage que ses fortifications, qui en font, au point
de vue stratégique, l'égale de Vérone, Mantoue
et Legnano, les villes-sœurs du célèbre *quadrilatère* dont il a été tant parlé en 1859, pendant
la guerre d'Italie, et, qu'entre parenthèses,
mon portier appelait « Monsieur *Quadrilatère* »
le prenant pour un général autrichien.

Voici Vérone : situation très-remarquable
sur l'Adige; fortifications imposantes. Le trio
Fandango descend avec dignité dans ces murs
antiques. Outre le tombeau apocryphe de Juliette qui attire la sentimentale voyageuse, Vérone renferme grand nombre de choses autrement intéressantes, entre autres l'amphithéâtre
antique, une des ruines les mieux conservées
d'Italie; on peut l'apercevoir du chemin de fer.

Beaucoup de peintres sont nés à Vérone; le
plus célèbre est Paolo Caliari qui en prit son
nom de Véronèse, mais qui, Vénitien de cœur,
travailla peu pour sa ville natale.

Vicence, patrie de l'architecte Palladio, est
entourée de murailles anciennes et de fossés à
sec, en partie cultivés.

Nous voici à Padoue, patrie de Tite-Live et

du peintre Mantegna; elle est située entre deux bras du Bacchiglione et entourée de bastions. Souvenir du saint Antoine auquel une sotte légende attribue la prédication des poissons et une croyance non moins niaise, le soin de faire retrouver les objets perdus.

M. Albini nous dit que la célèbre Université de Padoue, connue sous le nom bizarre de *il Bô* (le Bœuf), n'a pas dégénéré de son ancienne splendeur et qu'elle est encore une des mieux fréquentées de l'Italie.

Nous approchons vivement de Venise. La nuit vient. La locomotive, dont nous sommes très-près, jette à tout instant de si grandes flammèches qu'après nous être amusés quelque temps à les voir voleter et descendre en tremblotant sur les prairies comme des papillons de feu, nous prenons peur de les voir entrer dans la voiture et nous fermons les glaces. Il se produit alors un effet curieux que je n'avais jamais observé : les flammèches continuant à se multiplier et semblant s'allonger par l'effet des vitres, produisent l'effet d'un sillon de feu presque continu qui nous suit fantastiquement.

C'est très-joli. Un Vénitien, notre voisin, avec qui nous avons lié conversation, nous donne des indications et des conseils pour notre séjour à Venise, nous félicitant fort d'y arriver pendant la pleine lune, et ajoutant mélancoliquement que de toutes ses splendeurs, l'ancienne cité des Doges n'a conservé que celle-là; il nous paraphrase le *Pauvre Venise!* de Frou-Frou. Plus de commerce, plus de société, plus de plaisirs, plus d'argent; le théâtre la Fenice n'a pas ouvert, dit-il, l'hiver dernier. Toutes les familles opulentes ont quitté le pays. *Povera Venezia!*

Nous franchissons la Brenta dont les bords, dégénérés eux aussi de leur ancienne gloire, sont à jamais veufs des beaux palais de plaisance qu'y faisaient jadis construire les Véni-tiens; nous laissons à gauche deux forts et le train se suspend tout à coup sur la lagune au moyen de ce fil merveilleux qu'on appelle le via-duc de Mestre, un des plus étonnants que notre siècle ait vu construire. Deux cent vingt-deux arches posées sur plus de quatre-vingt mille pilotis affermissent ce gigantesque travail sur un sol mouvant dans une longueur de trois mille six cents mètres! C'est un passage vraiment fantastique; il fait sombre, car la lune n'est pas encore levée, et il semble absolument que le train glisse sur la nappe d'eau, dans laquelle se reflètent par intervalles les lueurs ardentes du gaz qui éclaire le viaduc de distance en distance.

Aussitôt après, on entre dans la gare de Venise; il est neuf heures passées; nous perdons quelque temps à nous faire délivrer nos bagages, à trouver le domestique de l'hôtel qui nous a été indiqué; mais, enfin, nous sortons des bâtiments de la station, et nous nous trouvons tout à coup en face d'une de ces rues d'eau où une rangée de gondoles noires jouent le même rôle que les voitures de place ailleurs.

Après toutes les descriptions que j'avais lues de Venise, les peintures que j'en avais admirées et les idées que je m'en étais faites, il semble que je n'aurais dû éprouver aucune surprise; eh! bien, tout au contraire, chère amie, je t'assure que ceci me fit un effet très-étrange. Il y a des singularités qui frappent toujours, si bien averti qu'on puisse être. Je me souviens d'avoir, en dépit de ce que la géographie m'avait appris, été fort étonnée de voir clair la nuit à Saint-Pétersbourg au mois de juin.

Je restai donc très-surprise devant les gondoles vénitiennes. Je me trouvai tout à coup enfouie au milieu de l'une d'elle, sous un espèce de petit tombeau noir, en compagnie des Albini. Deux rameurs, que nous ne voyions pas, nous conduisaient. Une petite lanterne suspendue à la proue ferrée de l'embarcation donnait une lueur très-faible sur l'avant; on ne sentait aucun mouvement; nous glissions dans des canaux étroits, silencieux, sombres comme du velours noir; de temps en temps nous passions sous un arceau très-bas, nous croisions une autre gondole ou nous tournions un coin de canal, tout cela sans autre bruit qu'un cri singulier jeté par les gondoliers pour s'entr'avertir.

Nous arrivâmes tout à coup à un espace beaucoup plus large; c'était le grand canal. Je pus voir à travers la portière du petit tombeau (qui, je le sus plus tard, s'appelait *felze*) quelques façades de palais se détacher vaguement sur

les rives. Bientôt le silence devint moins profond; il y eut un peu plus de clarté; quelques
églises, quelques tours s'accentuèrent; enfin,
nous tournâmes tout à coup devant un jardin
brillamment illuminé d'où partait une musique
joyeuse. Mais ce ne fut qu'un instant; replon-
gés dans un canal latéral nous n'eûmes pas le
temps de nous rendre compte de ce qui nous
avait semblé un rêve. En quelques coups d'avi-
ron nous arrivions à un escalier dont l'eau cou-
vrait les marches inférieures; c'était le perron
de l'hôtel La Luna et nous n'avions plus qu'à
débarquer.

Cette entrée à Venise m'avait fort impressionnée; si je m'en étais crue, j'aurais été
tout de suite faire ma visite à la place Saint-
Marc; mais Mme Albini se sentait fatiguée;
nous avions tous besoin d'une tasse de thé et de
sommeil, et il fut décidé d'un commun accord,
que nous remettrions au lendemain notre *entrée
officielle* dans la cité des Doges.

SEIZIÈME LETTRE

PREMIÈRE JOURNÉE A VENISE. — PLACE SAINT-MARC.
EGLISE DU MÊME NOM. — CAMPANILE. — LOGGETTA. — PIAZZETTA.
VISITE A L'ACADÉMIE DES BEAUX-ARTS.
QUELQUES MOTS SUR LES PRINCIPAUX MAITRES DE L'ÉCOLE
VÉNITIENNE. — EMPLOI DE LA SOIRÉE.

La pensée que j'étais à Venise me réveilla de bon matin. Mme Albini ne se fit pas attendre et, dès neuf heures, nous étions sur la place Saint-Marc, qui se trouve à trente pas de l'hôtel La Luna. En y entrant par les portiques du fond à droite, elle se montra tout à coup à nos regards, présentant en face son ancienne basilique byzantine et, des autres côtés, les harmonieuses constructions appelées Vieilles et Nouvelles Procuraties.

Je n'eus point ia l'effet de surprise que m'avait causé la veille l'entrée nocturne en gondole. Mes souvenirs et mon imagination me servaient mieux cette fois, et, de fait, j'avais déjà vu tout cela. L'église, le campanile, l'horloge, le café Florian, les pigeons même étaient pour moi d'anciennes connaissances et je croyais voir s'ouvrir une fois de plus devant moi un diorama souvent admiré.

Pour te dire mon opinion de Saint-Marc où nous allâmes immédiatement, cette basilique tant vantée est fort loin d'être la meilleure expression du style byzantin. J'ai vu beaucoup mieux en Russie, comme légèreté, pureté, élévation surtout. Saint-Marc est une vaste construction assez frappante, si l'on veut, mais trop écrasée et bigarrée d'un trop grand nombre de détails bizarres.

Tu n'attends pas de moi une description. Qui donc n'a pas vu Saint-Marc de Venise? Jette les yeux sur la première gravure venue, et tu y verras les cinq arcades de la façade, ornées de deux rangées de colonnes d'ordres différents et superposés; les cinq coupoles, la plate-forme découverte du portail sur laquelle figurent sans rime ni raison les cinq chevaux de bronze enlevés, dit-on, à l'hippodrome de Constantin.

L'intérieur du temple ne manque pas d'une certaine majesté sombre, produite par son ancienneté et l'effet de la décoration. C'est bien l'église des premiers temps avec son porche séparé, autrefois réservé aux catéchumènes, et correspondant à l'église par trois portes ouvrant sur chacune des trois nefs.

De tous côtés la mosaïque frappe la vue. Voûtes, murs, arcades, tout en est couvert : celles du pavé, raccordées par des travaux modernes, sont remarquables; mais l'effondrement, produit dans plusieurs endroits par l'affaissement des pilotis sur lesquels l'église repose, a de quoi inquiéter et on se demande si le temps n'amènera pas un écroulement complet. Les colonnes de marbre précieux, cipolin, porphyre, lapis, serpentine, etc., ne produisent pas un grand effet artistique; quant à celles qui soutiennent le baldaquin du maître-autel, elles ne frappent que par leur vétusté et l'idée qu'elles ont soutenu le ciborium de sainte So-

phie de Constantinople. Je fus surtout frappée
dans cette première visite de la galerie sculptée qui règne tout autour de l'église entre les
piliers; puis de la porte en bronze de la sacristie où l'on voit, parmi des bas-reliefs figurant
des têtes d'apôtres et de docteurs, les visages
du sculpteur Sansovino, et de ses deux amis
Titien et Arétin, placés là tous les trois fort
étrangement, mais surtout le dernier.

Ce même matin nous montâmes au clocher
de Saint-Marc. Ce n'est qu'une grosse tour carrée surmontée d'une flèche; mais cette flèche est
si élancée et le piédestal qui la porte si massif,
qu'on admire l'audace de l'architecte qui a osé
poser ce bloc sur le sol mouvant de la lagune.
La disposition intérieure est curieuse; il y a
de fait, deux tours concentriques entre lesquelles on a ménagé une rampe très-douce. On
dit que, parmi les nombreuses fantaisies que
Lord Byron eut à Venise, il gravit à cheval le
Campanile, à la grande surprise des habitants
qui devaient pourtant être habitués à ses excen-
tricités. De là-haut la vue est splendide; Venise
tout entière se détache rue à rue, maison à

maison, et on prend de cette ville flottante la plus poétique idée, surtout si on a, comme nous, la chance d'avoir un ciel très-pur qui permette à la vue de s'étendre sur toutes les lagunes de l'Adriatique et jusqu'aux Alpes.

Au pied du Campanile est un petit édifice tout mignon appelé la Logetta ; il fut, je crois, anciennement affecté aux postes de la garde noble ; construit en marbre rouge de Vérone et en blanc de Carrare, il fait l'effet d'un petit coffret merveilleusement ciselé. Sansovino est l'auteur des bas-reliefs historiques dont il est orné.

En face de Saint-Marc sont les mâts célèbres où étaient attachés autrefois les étendards symboliques de la puissance de la République ; sans drapeau aujourd'hui, ils semblent porter le deuil de la gloire passée. Les sculptures des piédestaux sont de Leopardo.

Tu t'attends bien à ce que je te dise l'impression que m'a produite la Piazzetta. Ce lieu célèbre qui n'est que la prolongation à l'ouest de la place Saint-Marc, forme avec elle un abrégé de l'histoire de l'architecture vénitienne depuis les temps les plus reculés jusqu'à nos jours. La Piazzetta a pour limites dans le sens de sa longueur, à l'est l'angle de l'église Saint-Marc, à l'ouest la lagune; sur les côtés le palais des Doges et l'ancienne Bibliothèque dont les arcades continuent, en tournant à droite, celles de la place Saint-Marc. L'œil est d'abord frappé par les deux colonnes de granit apportées de Constantinople au douzième siècle par le doge Ziani. Sur la colonne de gauche est une statue de saint Georges ou de saint Théodore; au sommet de l'autre le fameux lion ailé de saint Marc, respectable d'antiquité, mais appartenant certainement, comme le crocodile de saint Théodore, à un genre d'animaux que les naturalistes n'ont jamais classés. On sait ses infortunes. Napoléon Ier, abusant toujours de ses victoires, faisait enlever en gros et en détail tout ce qui lui paraissait avoir une valeur quelconque dans les cités conquises, et l'envoyait à Paris. C'est ainsi que le lion de saint Marc en fit le voyage, avec les chevaux de bronze; ils figurèrent sur l'esplanade des Invalides jusqu'en 1815, époque des grands désastres et des violentes restitutions. Ramenés à Venise, les chevaux se portaient assez bien ; mais le lion avait perdu l'Évangile sur lequel reposait sa griffe.

Les deux colonnes, dont l'aspect est si pittoresque et entre lesquelles on jouit de la vue complète du port de Venise, rappellent de cruels souvenirs historiques. C'est là qu'on suspendait les corps des suppliciés criminels d'État, après les avoir décapités dans l'intervalle des deux monolithes, d'où le proverbe vénitien : « *Gardez-vous de l'entre-colonnes.* » Il eut une belle occasion de s'affirmer le jour où Marino Faliero, aborda par erreur, un jour de brume, dans ce lieu fatidique et funeste. Là furent décapités, après de mystérieux interrogatoires et de terribles tortures, tant d'illustres victimes, entre autres le condottiere Carmagnola, coupable d'avoir trop bien servi la République, de lui avoir acquis Brescia, Vérone et d'avoir humilié Milan sa rivale.

Nous ne vîmes guère autre chose dans la matinée ; elle se passa tout entière à flâner autour de la place Saint-Marc et de la Piazzetta, regar-

dant les monuments et les magasins des arcades. Nous tournâmes aussi un peu sur le quai
des Esclavons, jusqu'à ce petit pont dit *della
Paglia*, en arrière duquel s'élève celui qu'on
appelle pont des Soupirs. Cet arceau célèbre a
plus de bizarrerie que de beauté, et ses photographies, si répandues, le flattent un peu. Il
unit le palais Ducal aux prisons par dessus le
canal dit *rio di Palazzo*.

Nous restâmes longtemps assis au café Florian, liant connaissance avec les pigeons de
Saint-Marc, qui venaient picorer des morceaux
de gâteau jusque sur nos robes, observant au
passage les types nationaux qui traversaient la
place Saint-Marc. C'est triste à dire, mais tous
furent pour nous une rude désillusion. Les
femmes du peuple sont non-seulement indigne-
ment fagotées d'un unique jupon et d'un vieux
châle en pointe, où le genre draperie antique
n'a absolument rien à prétendre, mais encore
leurs cheveux ébouriffés semblent n'avoir jamais eu de démêlés avec le peigne, et elles offrent un aspect sale et mendiant à réjouir Callot plutôt que Véronèse. On dit que depuis le

déclin de Venise et le départ d'une foule d'artisans qui ne trouvent plus d'occupation lucrative dans ses murs, la population féminine, d'après les derniers recensements, surpasse l'autre de près de six mille. C'est effrayant, mais à vrai dire, si j'étais chargée du dénombrement, je classerais la plupart des échantillons à jupon et à châle que nous avons vus à Venise dans le genre neutre. Les hommes sont moins mal; mais pas un n'évoque l'idée des joyeux gondoliers ni des actifs artisans d'autrefois. De toutes les belles scènes retracées par les historiens et les poëtes, il ne reste que le cadre; les neiges d'antan n'ont pas passé plus complètement que les personnages.

Notre après-midi devait être consacrée à une première visite à l'Académie des Beaux-Arts. A deux heures nous y arrivions en gondole, et débarquions sur un terre-plein, tout à côté du pont de fer, construit récemment.

En suivant jusque-là le grand Canal nous avions remarqué au passage les façades de la Douane de mer et de Santa Maria delle Salute, située tout à l'entrée à gauche; puis le palais

Dario, et un premier palais Corner, aujourd'hui préfecture de Venise.

L'extérieur de l'Académie des Beaux-Arts n'offre rien de remarquable; mais c'est un local très-vaste, bien éclairé et qui renferme une des plus riches et des plus intéressantes collections du monde, au point de vue spécial de l'école vénitienne surtout. La gravure a multiplié et répandu partout les copies des belles œuvres qu'on y peut admirer; mais on éprouve une bien grande surprise en voyant les originaux, et l'étonnement porte surtout sur la splendeur des compositions et l'éclat de la lumière. Cet effet prodigieux de la couleur appartient en propre aux peintres vénitiens, ainsi que le luxe architectural, la *mise en scène* de leurs tableaux, la profusion d'étoffes et de draperies chatoyantes; style décoratif par excellence auquel manquent peut-être quelques hautes parties de l'art tel que l'ont compris les écoles romaine et florentine, mais qui n'en est pas moins d'un souverain charme pour les yeux.

C'est au quinzième siècle que le genre du

Giotto (venu de Florence) et de ses élèves commença à remplacer à Venise l'éternelle et monotone mosaïque byzantine. Toute une famille de peintres, les Vivarini, créèrent une école qui eut assez de suite dans l'île de Murano ; les deux Bellini (Giovani et Gentile) en procèdent. Nous avons vu du premier deux Vierges entourées d'Anges à l'Académie des Beaux-Arts.

Un élève des Bellini, Giorgio Barbarelli, plus connu sous le surnom de *il Giorgione* à cause de sa grande taille, inaugura le premier la manière éclatante et lumineuse de l'école vénitienne. La plupart des œuvres de cet artiste, qui ne vécut que trente-huit ans, sont perdues ; car le Giorgione peignait à fresque sur des enduits fragiles, dans des lieux exposés au soleil, sur les façades des palais, avec une insouciance fâcheuse de la durée de ses travaux. L'Académie des Beaux-Arts n'a guère de lui qu'un très-beau portrait d'homme. Ses autres portraits historiques, Gonzalve de Cordoue, Gaston de Foix, Bayard et autres grandes figures, si brillamment rendues par son pinceau inspiré, sont maintenant dispersés dans différentes galeries et palais d'Europe.

Sébastien del Piombo fut à peu près le seul élève direct du Giorgione ; mais il n'en fit pas moins école et forma, entre autres artistes de grand mérite, Jacopo Palma, dit *il Vecchio* (le vieux), coloriste charmant qui tient le milieu entre la manière de Giorgione et celle du Titien. L'Académie des Beaux-Arts possède de lui une Assomption qui, à mon sens, a trop d'analogie avec celle du Titien. Nous y avons vu aussi un Christ consolant la veuve de Naïm, une Prédication de saint Pierre et quelques autres que je n'ai saisis qu'imparfaitement.

A côté de lui vient Pàris Bordone, gentilhomme de Trévise, peintre amateur, qui prit des leçons du Titien et égala les maîtres. Son œuvre capitale, à l'Académie des Beaux-Arts, est un grand tableau qui se trouve dans la quinzième salle sous le nom de l'Anneau de saint Marc. On y voit un pêcheur qui présente au Doge un anneau que le patron de Venise lui avait remis en signe de protection pendant une terrible marée qui faillit engloutir Venise en

1340. Les figures sont très-nombreuses et le sujet plein de vie, de mouvement et de lumière.

Pordenone, comme Bordone, jaloux furieux de la gloire du Titien, et qui ne peignait, dit-on, que l'épée au côté, de crainte de surprise, a plus de tableaux dans les églises de Venise qu'à l'Académie. Nous n'y avons vu de lui qu'un Ange, une Madone, un saint Laurent et quelques dessins soigneusement conservés.

Nous arrivons au Titien, un des rois incontestés de la peinture, celui qui, avec Véronèse, domine toute l'École vénitienne. Ce fut une noble et brillante destinée que celle de cet artiste, apprécié dès ses débuts, environné de respect, aimé des souverains. Les plus illustres de l'époque tenaient à honneur d'avoir leur portrait fait par lui, et Charles-Quint, posant pour la troisième édition du sien, lui disait un jour : « C'est pour la troisième fois que « vous me donnez l'immortalité. » François Ier, Léon X, Paul III, Philippe II ont été peints également par le Titien. Si ses dernières années n'avaient été attristées par les écarts de son fils Pomponio, on pourrait mettre ce grand peintre, mort presque centenaire, au nombre des rares favoris de la Fortune qui, d'ordinaire, ne distribue guère ses complaisances parmi les artistes. Lui, Raphaël, Michel-Ange, Rubens, Véronèse, Canova sont de rares exceptions à la règle générale de la douleur qui semble toujours devoir s'appliquer au génie.

La majesté, l'ampleur, la couleur, les détails, voilà surtout ce qui est à admirer dans le Titien; ses œuvres, nombreuses à l'Académie des Beaux-Arts, brillent de toutes ces qualités, auxquelles il faut encore ajouter la grâce charmante dont il fait preuve dans des tableaux tels que la Présentation de la Vierge, vaste composition qu'on ne se lasse pas d'admirer dans la quinzième salle. La deuxième contient, outre l'Assomption considérée comme son chef-d'œuvre, une Déposition de croix, sa dernière œuvre, qu'acheva même, dit-on, assez audacieusement Palma le jeune, et, comme contraste, une Visitation que Titien peignit dans sa première jeunesse.

Pour te citer un peu au hasard les autres œuvres que j'ai remarquées de ce maître à l'Académie, j'ajouterai un saint Jean dans le désert, un saint Nicolas et quelques magnifiques portraits.

Titien eut une foule d'élèves et d'imitateurs; dans sa famille même il y eut sept peintres de son nom (Vecelli) plus ou moins estimables. Mais mieux que tous, Jacopo Robusti, dit le Tintoret, élève renvoyé, dit-on, de l'atelier du Titien par une crainte jalouse de ce dernier, devait balancer plus tard la gloire de son maître. Doué d'une étonnante facilité et d'une fabuleuse imagination, Tintoret vise à l'originalité et aux grands effets de surprise; il ne réussit pas toujours, et on l'a assez justement comparé à ces musiciens qui tourmentent leur instrument pour produire des effets difficiles dont l'oreille n'est pas toujours charmée. S'il est permis d'employer une semblable expression, je dirai que le Tintoret *détonne* quelquefois aux yeux et qu'une quantité de ses tableaux sont des tours de force qui surprennent plus qu'ils ne plaisent. De ce nombre est la fameuse Gloire du Paradis qui se trouve dans la salle du Grand-Conseil au Palais-Ducal, et dont par conséquent, je ne te parlerai pas aujourd'hui, puisque pour conserver une apparence de classement, je ne cite dans cette lettre que les tableaux vus à l'Académie. De ce nombre sont : le saint Marc délivrant un esclave, qui se trouve dans la même salle que l'Assomption du Titien, œuvre réunissant au meilleur degré l'éclat, la force et l'originalité, qualités distinctives du maître ; l'Adam et Ève ; plusieurs Madones en apparition devant tels et tels Doges ou grands citoyens de Venise ; une Assomption, des Vierges glorieuses, une Descente de croix, la Femme adultère, une Résurrection, des portraits splendides, entre autres ceux de Marco Grimani, des procurateurs Reniero, Dandolo, Morosini ; d'Antonio Capello, (ce dernier a été aussi traité par le Titien). Tout cela appartient à ce que les Vénitiens appellent le pinceau d'or du Tintoret, qui employa parfois, disent-ils, un pinceau d'argent et un pinceau de fer.

Le souvenir de la charmante Maria Tintorella, qui se fit, malgré sa jeunesse, une si grande réputation de portraitiste, me poursuivait dans les salles de l'Académie des Beaux-Arts, et j'espérais y voir l'image que le malheureux père traça, dit-on, de cette fille bien-aimée dans la nuit même où elle expira. Mais je l'ai cherchée en vain et je ne sais trop si cette toile ne doit pas être considérée comme légendaire.

Il me tardait d'arriver à Paul Véronèse dont les œuvres m'ont plus vivement impressionnée que celles de tous les autres peintres vénitiens. Il me semble que cet aimable artiste résume toutes les qualités de l'école : éclat, variété, lumière, pittoresque, animation, chaleur, réalité, luxe éblouissant d'ornements, effets merveilleux de draperies, attitudes variées, compositions immenses qui semblent produites sans le moindre effort; il y a véritablement de quoi enchanter le regard, de cet enchantement délicieux qui passe jusqu'à l'esprit.

Je sais bien que tu vas m'objecter les anachronismes de costumes; mais, mon Dieu, y pense-t-on? Je t'assure que cela m'était tout à fait égal de voir François Ier, Soliman, Charles-Quint trinquer ensemble auprès du Sauveur et des Apôtres. On ne prend pas plus le sujet au sérieux que ne l'a pris le peintre lui-même; on lui passe les pourpoints, les violes, les contrebasses, les chiens, les perroquets, les négrillons, on lui passe tout à cause de son adorable fantaisie, de sa splendide lumière et de l'intérêt ravissant donné par la composition en dehors de son sujet nominal.

Tu connais les Noces de Cana, du Salon carré du Louvre, tableau si heureusement échangé pour nous en 1815 contre une toile de Lebrun? Eh bien! il y a, à l'Académie des Beaux-Arts de Venise, une composition analogue sous le nom du Repas chez Lévi. C'est une fête splendide où le Christ, je l'avoue, ferait mieux de briller par son absence; mais quelle charmante composition de lumière et de gaîté! Quelle architecture, quel mouvement, quel espace! Un des personnages qui s'est levé de la table du festin, et qui semble traverser la salle pour venir à vous, serait, dit-on, le portrait de Paul Véronèse lui-même.

L'Académie possède encore de lui d'autres Repas, sous des titres plus ou moins bibliques, une Foule se portant à la rencontre de saint Nicolas, une Bataille, un Ange portant la couronne d'épines, un Christ, des Évangélistes, différents épisodes de la Vie de sainte Christine, une Vierge entourée de Saints et d'Anges, une autre Vierge couronnée et un grand nombre de magnifiques portraits.

Je te reparlerai de Véronèse à mesure que j'aurai à te signaler d'autres ouvrages importants de lui, vus dans d'autres lieux de Venise. Aujourd'hui, je veux te citer quelques peintres qui tiennent dignement leur place auprès des maîtres.

D'abord les Bassans — ainsi nommés de Bassano, leur ville natale — qui, après avoir commencé à faire de la grande peinture dans le genre de Titien, Tintoret et Véronèse, se sont rabattus sur des sujets intimes et ont créé, à bien dire, ce que nous appelons la peinture de genre.

Antonio Palma, qu'on appelle le Jeune, pour le distinguer de Jacopo, son oncle, essaya une sorte de fusion entre l'école romaine et l'école vénitienne; on le regarde comme l'artiste qui a marqué le commencement de la décadence, si on en juge d'après cette parole de Lanzi : « Palma le jeune fut le dernier de la bonne » école et le premier de la mauvaise. » De fait, sa manière est négligée; mais il a de la grâce, et ce n'est pas sans un véritable plaisir qu'on voit ses peintures, qui sont assez nombreuses à l'Académie des Beaux-Arts. Le Padouan se fait admirer, même auprès de Véronèse dans un tableau analogue au sien, les Noces de Cana; mais, malgré le mérite, cette œuvre n'en est pas moins un pastiche.

Schiavone, qui fut toute sa vie entravé par la misère, a de jolies toiles à l'Académie des Beaux-Arts, entre autres un saint Jean-Baptiste, un Enfant Jésus endormi, un Christ devant Pilate, une Vierge à l'Enfant entourée de Saints, etc.

Tiepolo eut une immense réputation de son temps (au XVIIe siècle), à cause de la facilité avec laquelle il s'assimilait le genre des grands maîtres; mais, depuis cette époque, l'art si cher aux Vénitiens n'a fait que décliner d'année en année. Quand j'aurai mentionné

Carpaccio, dont les toiles, nombreuses aux Beaux-Arts, sont plus extraordinaires que belles, Antoine Canal, plus ordinairement nommé Canaletti, et dont nous avons d'excellents tableaux au Louvre, la charmante Rosa-Alba Carriera, si renommée dans toute l'Europe sous le simple nom de Rosalba, j'aurai à peu près cité les artistes qui ont su donner encore de la splendeur à une époque de décadence.

En dehors de l'École vénitienne proprement dite, l'Académie des Beaux-Arts est encore riche en belles œuvres de provenance et de style différents. J'y ai remarqué la Madeleine aux pieds du Christ, de Lebrun, et une série de Callots; mais on m'a affirmé que ceux renfermés dans une des salles ne sont pas authentiques.

Tu seras peut-être fatiguée de mon énumération que j'ai cependant considérablement abrégée. Quant à moi, j'avais trouvé court le temps passé à l'Académie des Beaux-Arts, un vrai sanctuaire où tout vous parle des plus nobles et des plus pures gloires de l'humanité.

Il était près de cinq heures quand nous en sortîmes. En reprenant la gondole, nous dîmes au batelier de suivre encore un peu le Grand-Canal. A mesure que nous le remontions, il nous nommait les palais dont les façades attiraient le plus nos regards : le palais Contarini, attribué à l'architecte Scamozzi (quinzième siècle), avec ses deux belles statues; le palais Rezzonico, un peu théâtral; le vieux palais des Foscari avec ses trois étages de fenêtres gothiques, ses galeries et ses colonnettes. Le drame de lord Byron me revient à l'esprit.

Ici le canal tourne, et nous sommes en vue du palais Balbi, superbe édifice qui ne fut, dit-on, jamais habité par celui qui l'avait fait construire, car le comte Balbi Nicolo était un original qui, pour mieux observer le progrès de sa bâtisse, s'était logé tout en face d'elle, dans une barque où il mourut.

A quelque distance le palais Pisani, à gauche; un second palais Contarini, à droite. Le palais Barberigo qu'a habité le Titien, les palais Mocenigo, Spinelli, Grimani (ce dernier devenu le grand bureau de poste), encore un palais Corner, acheté par Mlle Taglioni.

A droite de cette imposante façade est le palais Manin où abdiqua et mourut le dernier doge.

Nous étions arrivés au pont de Rialto; il était temps de retourner, et nous remîmes au lendemain le détail de ce quartier et notre visite au palais des Doges.

Notre soirée se passa tout entière dans le petit jardin du Palais-Royal. On y fait d'assez bonne musique, mais ce n'était pas là l'attrait principal. Vers dix heures, la lune se leva du côté du Lido et répandit peu à peu sa lueur sur la lagune, faisant prendre à l'onde, aux monuments, au ciel même, une teinte bleuâtre dont les clairs de lune des autres pays ne sauraient donner une idée. Le matin, en regardant les photographies dites sélénographiques, dans le magasin de Ponti, place Saint-Marc, il avait paru à Mme Albini et à moi que cet effet d'azur devait être forcé. Nous revenons sur cette opinion, la lune se chargeant elle-même de nous prouver que nous avons tort. Assis auprès du parapet, nous regardons longtemps la lagune où glissent de nombreuses gondoles portant à la proue une petite lanterne. Une de ces gondoles, plus grande, est montée par quatre rameurs; ils s'amusent à la faire évoluer sous nos yeux comme un vrai cheval de manége; tantôt ils glissent comme une flèche, tantôt ils décrivent de gracieuses sinuosités; tout à coup ils s'arrètent tout net, ou pivotent sur leur quille légère avec une habileté surprenante; nous observons ces jeux avec beaucoup d'intérêt. Le bateau à vapeur du Lido apparaît au loin avec son fanal qui semble un feu follet venu de l'extrémité de la lagune et la traversant à la hâte.

Tout cela est aussi charmant à voir qu'impossible à décrire. Nous le quittons à regret après onze heures, ayant concerté avec nos compagnons de voyage tout l'emploi de notre journée du lendemain.

DIX-SEPTIÈME LETTRE

DEUXIÈME JOURNÉE A VENISE. — SANTA-MARIA FORMOSA.
SAINT JEAN ET PAUL. — ÉGLISES DES FRARI ET DE SAINT-ROCH.
PALAIS DES DOGES. — LES POZZI. — SOUVENIRS HISTORIQUES.
PROMENADE EN GONDOLE AU CLAIR DE LA LUNE.

Comme nous sortions vers neuf heures de l'église Saint-Marc, à laquelle nous avions voulu refaire une petite visite pour commencer la journée, nous tombâmes sur un vieux brave homme qui, je crois bien, nous guettait depuis la veille. Il nous affirma si fort que, sans lui, nous ne verrions rien de bien, que nous perdrions beaucoup de temps et qu'il était le plus indispensable des guides, que nous fûmes positivement pris par lui. Pour une journée de huit francs, il promit de nous faire voir dans

la matinée plusieurs églises en nous économi-
sant le temps des courses d'intervalle, et dans
l'après-midi le Palais des Doges.

Il nous fit prendre d'abord à gauche de l'é-
glise Saint-Marc une petite place dite des
Lions, où se trouve, tout contre la basilique,
le sarcophage du dictateur Manin, et passant
dans des rues dallées, propres, bordées d'assez
jolis magasins, mais très-étroites et sinueuses
comme les fils d'un écheveau mêlé, il nous fit
arriver devant le portail de Santa-Maria-For-
mosa, église située sur une petite place dont un
côté est formé par le palais Malipieri. L'église,
à l'extérieur, offre un joli clocher; à l'intérieur,
dans la première chapelle de droite, on voit un
tableau de sainte Barbe, chef-d'œuvre de
Palma le vieux. Il est certain que nous ne
l'aurions pas vu sans notre guide, car ce tableau est placé sur un autel latéral et comme
perdu dans les compartiments qui l'entourent.

De là notre Ariane, que nous suivions sans
plus comprendre le chemin que Thésée ne com-
prenait le labyrinthe de Crète, nous mena à

Saint-Jean et Paul, église du treizième siècle, appelée dans le langage enfantin du pays San-Zanipolo. C'est cette place et cette façade qui figurent au décor du troisième acte de Marino Faliero ; la place est ornée de la statue équestre du général Colleoni, par Léopardo. On travaillait à réparer la façade de l'église. Quant à son intérieur, c'est un vrai Panthéon rempli de monuments funèbres, où l'on peut étudier la sculpture de Venise comme on étudie sa peinture à l'Académie des Beaux-Arts. Quatre doges de la famille Mocenigo, les Lorédan, Vendramin, Cornér, Venier, Malipieri, Valier, Marcello, Bombo, Delfino et autres y ont leurs mausolées, ainsi que d'illustres généraux tels que Capello, Cavalli, Giustiniani, Bragadino, le martyr écorché vif par les Turcs après le siége de Famagouste, etc. Tout cela forme un vrai musée cinéraire. Le monument du doge Vendramin est le plus beau de tous ; viennent après ceux de Delfino, Marcello, et le tombeau colossal des deux Valier et de la dogaresse Quirini, femme de l'un d'eux ; mais il est impossible d'en donner une description : heureusement, de nos jours, la photographie supplée à tout ; j'en ai rapporté d'assez belles que nous regarderons ensemble.

Un triste et récent souvenir se rattache à San-Zanipolo ; celui de l'incendie de 1867 qui détruisit la chapelle du Rosaire, ainsi qu'une madone de Bellini, le martyre de saint Pierre dominicain, chef d'œuvre du Titien, et plusieurs toiles du Tintoret. Après en avoir vu les ruines calcinées, nous sommes passés dans la sacristie où il y a quelques peintures de J. Palma et de Bassano.

En sortant de cette première visite à Saint-Jean et Paul, nous allâmes, à travers mille détours et en traversant le Grand Canal en gondole, jusqu'à l'église de Sainte-Marie Glorieuse, ordinairement appelée des Frari, bâtie au XIIIe siècle, dit-on, par des Franciscains. C'est encore un musée où se trouvent presque vis-à-vis, les tombeaux du Titien et de Canova, ainsi que plusieurs autres mausolées de doges et de citoyens remarquables.

Le monument du doge Nicolas Trono, orné de trop de statues, est un véritable édifice pour la grandeur de sa masse; il est attribué à Brogno, l'architecte de la grande façade de la cour du palais ducal. Celui de Canova est trop théâtral: mais cela m'étonne peu quand on m'apprend que c'est Canova lui-même qui a dessiné le projet. J'aime mieux celui du Titien, à côté duquel une humble pierre tombale, marque, nous a-t-on dit, la place exacte où fut déposé le corps du grand artiste, en 1576.

On voit aux Frari un saint Pierre entouré de plusieurs personnages, dû au pinceau du Titien, le tombeau de l'infortuné doge Foscari, ceux de Marcello, de Bernardo, — ce dernier attribué à Leopardo et peut-être le plus artistique de tous.

De là nous allâmes à l'église de Saint-Roch, qui renferme beaucoup de tableaux du Tintoret et rappelle la ruse à laquelle ce peintre eut recours pour l'emporter sur Véronèse, Schiavone, Salviati et Zuccharo qui avaient concouru comme lui sur la demande des religieux de Saint-Roch. Grâce à sa prodigieuse facilité, Tintoret avait achevé son *Apothéose de Saint-Roch*, bien avant tous ses rivaux; une con-

nivence secrète, qui n'a jamais été bien éclaircie, lui donna le moyen de faire placer son tableau dans le couvent à l'insu des religieux.
Le jour indiqué pour le concours, les artistes
concurrents apportèrent leurs esquisses. Quand
on demanda au Tintoret de montrer la sienne,
il fit découvrir son tableau en disant que, lors
même qu'il n'obtiendrait pas le prix, il s'esti-
merait heureux de faire hommage de son travail à Saint-Roch. Les peintres, à la fois cho-
qués et surpris de ce tableau fait si vite, si mystérieusement et si bien, sortirent en s'avouant
vaincus. Quant aux religieux, ils grondèrent
bien un peu Tintoret pour son subterfuge, mais
ils s'apaisèrent facilement en faveur du pré-
sent fait à leur saint patron; même ils passèrent un traité avec le peintre qui, moyennant
une pension annuelle de deux cents ducats,
s'engagea à compléter la décoration du couvent
et de l'église. Voilà pourquoi on voit tant de
tableaux du Tintoret à Saint-Roch; mais il a
travaillé trop rapidement, et ces peintures
doivent être rangées parmi celles qu'on attribue à son pinceau de fer.

Après ces quatre églises, nous avions les
yeux si remplis de peintures et de sculptures
qu'il était bon de s'arrêter un peu, si on ne
voulait pas tout embrouiller dans sa tête. D'ailleurs, il était temps de déjeûner. En conséquence, nous dîmes à notre guide de venir
nous attendre à deux heures, à la porte de
notre hôtel, pour nous accompagner au Palais
des Doges.

Il fut exact. Sous son aile protectrice, nous
arrivâmes en face du Palais, édifice d'une singularité bien frappante et que je crois unique
au monde. C'est un mélange de style gothique
et arabe, sévère d'ensemble, plein de caprice
dans les détails.

Il y a trois façades : l'une sur le quai des
Esclavons, l'autre sur la Piazzetta, la troisième
sur le canal qui le sépare des Prisons. Une
première rangée de dix-sept arcades à fûts épais
supporte un second rang de colonnes formant
une galerie mauresque au-dessus de laquelle
s'élève un grand mur à petits carrés de marbre
blanc et rouge ; ce mur a sept fenêtres : celle du
milieu, ornée d'une balustrade et de cloche-

tons, s'élève jusqu'au dessus de la corniche. On attribue la construction de ce palais à l'architecte Philippe Calendario, le même qui fut compromis dans la maladroite conspiration du vieux Marino Faliero. La mort violente du doge et celle de l'architecte interrompit la construction du palais; mais elle fut reprise au XVᵉ siècle sous Mocenigo qui, fier de contribuer à la gloire de Venise, paya l'amende de mille ducats, portée contre quiconque proposerait de détruire ce qui restait du primitif palais ducal, construit au douzième siècle par le doge Ziani.

Nous entrâmes par la belle porte d'entrée contiguë à l'église Saint-Marc, qu'on désigne sous le nom bizarre de Porta della Carta (du papier), à cause des actes publics qu'on y affichait autrefois. On est alors dans la belle cour aux deux citernes de bronze et juste en face de l'escalier des Géants, ainsi nommé des deux statues de Sansovino, Neptune et Mars, symbolisant le double empire de Venise sur la terre et les mers. La rampe de cet escalier est d'un travail extrêmement délicat,

une vraie dentelle ciselée dans la pierre par
Antonio Rizzo. Je n'ai pas besoin de démentir
pour toi la légende en vertu de laquelle on
croit que Marino Faliero fut décapité au
haut de ces degrés, qui n'existaient pas au
XIVe siècle; mais la place n'en a pas moins
une grande notoriété historique; car c'est sur
le palier de l'escalier des Géants que les Doges
étaient élus.

Après avoir admiré la galerie supérieure, et,
de cette galerie, la cour, avec sa curieuse horloge décorée de statues, nous montâmes au
second étage par l'escalier appelé Scala d'oro,
orné également de très-belles statues sculptées
par Tiziano Aspetti. Ces degrés conduisent à
un vestibule dont le plafond peint par Tintoret est une allégorie sur la Justice de Venise.

Je devrais renoncer à te parler de l'intérieur
du palais des Doges. J'oublierai tant de choses
et je décrirai si mal celles que j'ai vues! Toutes les magnificences de l'art vénitien pris à sa
plus florissante époque y abondent.

Pour m'en tenir aux principales salles, entrons d'abord dans celle du Grand Conseil;

c'est là, à gauche de la porte d'entrée, que se trouve la plus grande peinture sur toile du monde, celle que je te citais hier en parlant du Tintoret : c'est sa Gloire du Paradis, un en-chevêtrement prodigieux de personnages, dans lequel certains groupes offrent cependant un véritable intérêt. Le Tintoret fit beaucoup tra-vailler son fils Dominique à ce tableau.

Le Palais-Ducal renferme des peintures d'un prix inestimable; la plupart, exécutées d'après les commandes du gouvernement, ont trait à quelques glorieux épisodes de l'histoire véni-tienne. Ce sont les fastes de la reine de l'Adria-tique. Rien que dans la salle du conseil nous voyons : l'Alliance de Henri Dandolo et des Croisés en 1204, la prise de Zara et celle de Constantinople, le couronnement de l'Empe-reur Baudoin; — tous ces souvenirs de la grande mystification historique connue sous le nom de quatrième croisade tant profitable aux Vénitiens, sont peints par Jean Leclerc, Domi-nique Tintoret, Vassilachi (dit l'Aliense), élève de Véronèse, Vicentino.

Non loin de là un beau tableau de Véronèse,

le retour du doge André Contarini après sa victoire sur les Génois, en 1380.

On y voit encore une quantité d'entrevues de Papes et de Doges, sujets pleins de majesté, auxquels ne manquent cependant presque jamais des chiens franchement placés au premier plan ; cet amour du chien, vu sous toutes ses faces et en pleine lumière, pourrait passer pour un des caractères de l'école vénitienne : affaire d'égayer le sujet, je pense ; si on réunissait tous les échantillons de la race canine peints par Véronèse, on aurait une jolie meute.

Il y a encore dans la salle du Grand Conseil un Combat naval de Dominique Tintoret et un Barberousse aux pieds du pape, Federico Zuccaro.

La seule déception que j'eus à Venise fut la galerie des portraits des doges. Je m'étais imaginé que ce devaient être de beaux et grands tableaux d'un effet imposant comme une immense galerie d'ancêtres ; je croyais surtout que le tableau noir laissé à la place de Marino Faliero devait sauter aux yeux comme une tache funèbre. Il n'en est rien : les portraits des soixante et seize doges, compris entre les années 804 et 1560, sont tout en haut dans les frises : ils ne présentent au regard que des têtes petites, assez laides, mal coiffées du bonnet à cornes, et rappelant fatalement ces affreux médaillons où sont les portraits des rois de France dans nos éditions abrégées à l'usage des petits enfants. Il faut chercher avec soin la place maudite pour découvrir près de la dernière fenêtre à gauche l'inscription : *Hic est locus Marini Falieri, decapitati pro criminibus.*

Le plafond de la salle du Grand Conseil offre une des plus splendides compositions de Véronèse ; Venise trône sur les nuages, couronnée par la Gloire, entourée de l'Honneur, de la Paix et autres allégories charmantes et triomphales.

De là on passe dans la salle du scrutin où l'on faisait les élections des doges. Presque tous les tableaux représentent des combats : Prise de Zara et bataille de Lépante par Tintoret et Vicentino. Pépin le Bref vaincu par les Vénitiens, (deux tableaux de ce dernier), les

Turcs défaits par les Vénitiens, tableau atroce-
ment réaliste de Peranda, et, après tout cela
un Jugement dernier de Palma le jeune, dans
lequel il s'est donné la douce satisfaction d'envoyer aux flammes éternelles une belle petite
dame blonde qui ne lui avait pas été assez
fidèle.

La Bibliothèque de Saint-Marc vient, autant
que je puis me le rappeler, après la salle du
scrutin.

Nous avons accordé peu d'attention aux vo-
lumes que cette riche collection renferme, ce
sont des choses importantes qu'on ne peut étudier qu'avec de grands loisirs. Pour le moment
il valait mieux regarder les peintures, entre
autres une Vierge de Bellini dans la première
salle, un beau plafond de Véronèse représentant l'Adoration des Mages dans la seconde,
et quelques sculptures importantes réunies
dans la Chambre écarlate, ainsi nommée parce
qu'on y rangeait les robes rouges.

Cependant, malgré le peu de temps dont
nous pouvions disposer, nous avons examiné
avec intérêt des cartes et des mappemondes des

XIVe, XVe et XVIe siècles, conservées dans la salle des armoiries.

A l'étage supérieur, nous avons trouvé la fameuse antichambre du Conseil des Dix, appelée aussi salle della Bussola, à cause d'un tambour qui cachait une des portes. On y montre l'ouverture par laquelle on glissait autrefois les papiers dénonciateurs dans la gueule du Lion de bronze, enlevée aujourd'hui. Il y a une belle cheminée sculptée par Sansovino, un plafond de Véronèse et des tableaux de bataille par l'Alience.

Vient ensuite la salle des chefs du Conseil d'où l'on passe à celle des Dix, où abondent les peintures glorifiant Venise. Les deux plus grandes représentent le Pape félicitant le doge Ziani, vainqueur de Barberousse (œuvre de Leandro Bassano qui y a mis son portrait) et, en pendant, Clément VII et Charles-Quint à l'entrevue de Bologne. Le plafond est merveilleusement beau ; divisé en beaucoup de compartiments, il offre une suite de fresques exécutées par Zelotti, Ponchino et Véronèse, et représentant des allégories mythologiques.

En traversant la salle suivante j'ai remarqué une Entrée de Henri III à Venise par Vicentino et plusieurs portraits de doges agenouillés devant des Vierges.

On passe de là dans la salle du Sénat qui est très-belle. Encore une quantité de doges peints par Tintoret, les Palma, l'Aliense, etc., toujours représentés à genoux et recevant la visite du Christ et de sa Mère. Le plafond représente d'un côté, Venise dominatrice des mers; de l'autre, Venise assise sur un lion et résistant aux alliés de Cambrai.

En sortant de cette salle nous avons vu la petite chapelle qui a, entre autres beaux tableaux, un Adam et Éve repentants, de Véronèse, et un Christ au tombeau, de Bordone, puis la salle des audiences d'ambassadeurs où se trouvent les meilleures peintures du Tintoret. Ce sont, pour reposer un peu les yeux de tant de Vierges apparaissant aux doges, quatre tableaux mythologiques de la plus belle venue : Ariane et Bacchus, Pallas et Mars, les forges de Vulcain, Mercure et les Grâces, etc...

Enfin, pour finir de te traîner à ma suite

dans toutes ces salles, je ne te citerai plus qu'un tableau de Véronèse, dans la salle du collége, représentant le Christ, saint Marc, sainte Justine, la Foi et le doge Venier dans une barque, assemblage bizarre où le sens commun n'a pas grand'chose à voir, mais qui n'en est pas moins joli.

Ce même jour, avant de quitter le palais, nous avons voulu voir les fameux cachots appelés *Pozzi* ou puits.

C'est une bien pénible impression. On y descend par d'étroits escaliers de pierre en spirale dont l'épaisse obscurité est à peine dissipée par la lueur des torches que portent les guides. Ce sont des cellules humides, froides, complètement sombres; l'air n'y entre que par un étroit soupirail placé peu au dessus du niveau de l'eau du canal. J'eus la curiosité de me faire enfermer dans l'un de ces pozzi et de laisser éloigner quelque peu mes compagnons et la lumière. Cette minute d'impression affreuse a donné à mon âme une idée des souffrances qu'ont dû endurer les malheureuses victimes jetées dans ce lieu funeste. Rien ne saurait rendre l'horreur de cette obscurité et de cet air humide, pour ainsi dire imprégné d'agonies. Je ne sais comment on pouvait ne pas y mourir d'angoisse ou de terreur. Hélas ! on y vivait.. on y vivait même longtemps, quoique brisé par les tortures physiques et morales, — pour le malheur et la honte de l'humanité. Pour beaucoup de captifs, la décapitation, qui mettait enfin terme à leurs maux, avait lieu à deux pas des cachots, dans une très-petite pièce qu'on montre aux visiteurs et de laquelle on faisait facilement passer les cadavres dans une gondole par une porte ouvrant sur le canal.

C'est dans un de ces pozzi que fut jeté Carmagnola en 1428, presque au lendemain de sa victoire de Macàlo, après que la Seigneurie l'eût hypocritement reçu en triomphe, fait monter sur le Bucentaure, et amené respectueusement jusqu'au palais ducal. Comme il attendait pour être introduit en présence du doge, on vint lui dire que ce dernier, étant indisposé, s'excusait de ne pas pouvoir recevoir le général ce soir même. Carmagnola descendit l'escalier. Pendant qu'il traversait la cour : — De ce côté, seigneur, dit l'un des patriciens qui l'entouraient. C'était le signal. Des sbires cachés s'avancent, saisissent le général et le poussent dans les couloirs qui conduisent aux pozzi.

Soumis à d'affreuses tortures, Carmagnola refusa de s'avouer coupable des crimes qu'on lui attribuait; vingt-deux jours après, quand les brûlures des pieds furent à peu près guéries, on lui trancha la tête entre les deux colonnes de la Piazzetta.

Je t'assure que je fus toute charmée de revoir le soleil en sortant des pozzi; ils font un affreux contraste avec le luxe, la gaîté, la splendeur des salles que nous avions vues immédiatement auparavant.

Pour nous replonger dans la poésie de Venise, dont ces sombres lieux nous avaient brusquement retirés, nous prîmes une gondole, en laissant à notre guide le soin de nous diriger vers les plus beaux palais particuliers situés en dehors de la ligne du Grand Canal. Il nous fit prendre le long du quai des Esclavons, tourner à gauche, enfiler le pont della Paglia, passer sous l'arc des Soupirs, et suivre, dans cette direction le rió Palazzo, jusqu'au palais Trevisani, qui a une très-belle façade en pierre d'Istrie, embellie de marbres précieux. Cette résidence rappelle à la fois la beauté de Bianca Capello et le peu de cas que la Seigneurie faisait de l'honneur quand il s'agissait des intérêts matériels. Cette jeune patricienne, sortie de sa patrie par un enlèvement scandaleux et devenue à Florence la maîtresse du duc François de Médicis, rentra triomphalement en 1579 dans cette Venise dont on l'avait bannie, pour recevoir le titre honorifique par excellence de fille de Saint-Marc, parce qu'on espérait que le mariage de Bianca avec François de Médicis ferait passer le duché de Toscane à la République. Cette honteuse condescendance ne produisit pas cependant le bon effet que Venise en avait espéré. Le gendre de Saint-Marc et sa nouvelle épouse furent tous deux empoisonnés dans un repas que leur donnait Ferdinand de Médicis, frère de François, et ce Ferdinand fut, en dépit de l'axiome de droit, l'héritier de ceux qu'il faisait mourir.

Pendant une heure, nous suivîmes avec le plus grand charme les capricieux méandres de ces canaux qui nous paraissent de plus en plus inextricables. Il me semble que ce doit être l'étude de toute une vie de se reconnaître dans Venise. Je serais incapable de dire quel chemin nous avons suivi, mais je sais que nous avons passé devant le palais Manfrin, que nous sommes descendus à la hauteur de la place Manin pour aller voir la statue qu'on a érigée à la mémoire du dictateur, statue dont le piédestal est orné d'un lion superbe. Puis nous avons fait encore beaucoup de détours, voyant ici la façade insignifiante du théâtre la Fenice, là l'hôpital où l'on introduisait justement la provision d'eau douce en la faisant passer d'un bateau dans une citerne intérieure au moyen d'une pompe, ce qui n'est pas une des moindres singularités de cette ville extraordinaire.

Nous n'avions plus le temps de rien voir avant le dîner pour lequel nous arrivâmes même assez en retard à l'hôtel. Mais notre soirée fut tout-à-fait dans le programme de la poésie la plus romantique. Après avoir entendu une bonne musique municipale sur la place Saint-Marc jusqu'au moment du lever de la lune, nous fîmes, au clair de cet astre essentiellement vénitien, l'indispensable promenade en gondole après laquelle soupirait la jeune Mme Albini, et qui certainement me parut comme à elle une des choses les plus intéressantes de Venise. Il est sûr que c'est un effet original et mystérieux qu'aucune ville ne peut offrir ; peu de choses sont mieux faites pour saisir une jeune imagination ; mais, au fond, l'impression ne laisse pas d'avoir quelque chose de triste et d'inquiétant : — ce silence profond, ces eaux tranquilles, ces palais fantastiques, les gondoles noires glissant auprès de vous, — tout cela ne tarde pas à produire un effet sinistre : on se croirait dans le pays des ombres... pour un peu ombre soi-même. Aux temps brillants de Venise, les palais illuminés, les bruits de fête, le mouvement actif des gondoles, effaçaient cette sombre mélancolie ; mais aujourd'hui que cette ville, en deuil de sa gloire politique, a perdu près de cent mille habitants : aujourd'hui que les palais Bernardo, Zucchelli,

Giustiniani, Tiepolo, Ferro, etc., sont devenus de banals hôtels garnis. Venise n'est plus. suivant l'expression de Lord Byron, que

« The last and worsted of peopled déserts »

le dernier et le plus triste des déserts peuplés.

DIX-HUITIÈME LETTRE

19me journée.
Vendredi. 17 septembre.

TROISIÈME JOURNÉE A VENISE. — LES FABRIQUES.
ÉGLISES DES SAINTS APOTRES, DES JÉSUITES OU MARIA ASSUNTA.
L'ARSENAL. — LE LIDO. — SAINT LAZARE DES ARMÉNIENS.
RÉAPPARITION DU TRIO FANDANGO. — ÉGLISES
DE SAINT-GEORGES MAJEUR ET DU RÉDEMPTEUR DANS L'ILE DE LA
GUIDECCA. — SOIRÉE AU CAFE FLORIAN.

Il était convenu avec notre guide qu'il
nous accompagnerait encore dans la matinée
du lendemain. Son premier soin fut de nous
conduire en gondole à une fabrique où nous
vîmes faire ces perles soufflées, ces émaux,
ces bijoux, ces ouvrages de corail, de coquillages et de verroteries qui forment encore aujourd'hui une industrie vénitienne de quelque
importance. Nous y achetâmes des presse-pa-
piers d'aventurine artificielle, des boucles

d'oreille de coquillages et surtout plusieurs petites gondoles en argent qui me plaisaient fort par leur originalité et leur bon marché relatif.

De là, il nous conduisit à l'église des Saints-Apôtres où se trouve le mausolée du père de Catherine Cornaro, reine de Chypre; puis à celle des Jésuites de l'Assomption; le trompe-l'œil de ses marbres de couleur imitant le tapis d'autel et les draperies de la chaire, n'est peut-être pas d'un goût exquis, mais cela ne laisse pas de plaire par l'originalité.

Vers dix heures nous étions admis à visiter l'Arsenal, bien célèbre dans les fastes de Venise, mais loin d'offrir maintenant un intérêt égal à beaucoup d'autres établissements du même genre. La façade a une horloge dans le goût de celle de la place Saint-Marc et une porte assez monumentale gardée par des lions de marbre rapportés d'Athènes en 1687 par le doge Morosini. On voit à l'Arsenal une collection d'armes anciennes, le tombeau d'un amiral avec des bas-reliefs de Canova et le modèle du *Bucentaure*, ce fameux navire sur lequel les Doges faisaient leur voyage de noces avec la mer. Ce vaisseau, bizarre autant que l'orgueilleuse cérémonie à laquelle il était réservé, est une sorte de galère à deux ponts sans mâts ni voile, mise en mouvement par des rameurs. La fameuse fête des épousailles paraît remonter au dixième siècle et on en attribue l'institution au doge Pierre Orseolo II, en commémoration de sa conquête de la Dalmatie et de ses victoires sur les pirates narentins, les mêmes pirates, je crois, qui avaient voulu faire quelques années auparavant une razzia régulière de jeunes vénitiennes, dans le goût de l'enlèvement des Sabines, mais avec beaucoup moins de succès que les guerriers de Romulus.

Il m'est particulièrement pénible de penser que le *Bucentaure*, relique nationale à laquelle les Vénitiens tenaient beaucoup, qui leur rappelait leurs anciennes gloires et était pour eux une sorte de palladium, a été brutalement brûlé en 1797 par les soldats français.

Pour l'après-midi nous avions le projet d'aller au Lido et de voir en revenant le couvent des Arméniens Mekitaristes. A une heure et demie le bateau à vapeur nous fit bien promptement traverser la lagune et jouir pendant ce trajet du ravissant spectacle de Venise vue à distance dans tout son développement, depuis la Douane de mer et Santa-Maria delle Salute jusqu'à la pointe della Motta à l'extrémité des Jardins publics. Les îles de San-Giorgio-Maggiore et de la Giudecca se détachent nettement avec leurs coupoles blanches et le clocher de briques de San-Giorgio qui, par un singulier effet de perspective, se trouve, à un moment donné, éclipser complètement le clocher de Saint-Marc.

Entre la lagune et l'établissement de bains de mer du Lido s'étend une vaste plaine d'alluvions. Il y a là de quoi bâtir une ville; peut-être le fera-t-on plus tard; pour le moment on y cultive des légumes. C'est alors que nous eûmes la surprise de voir deux ou trois chevaux attelés à des tapissières qui font le service jusqu'au Lido. Par leur secours nous arrivâmes bientôt à la longue bande de sable qui sépare Venise et ses lagunes de la mer Adriatique. C'est un lieu bien choisi pour les bains, car le sable est d'une finesse extrème, tout semé de coquillages qu'on peut s'amuser à ramasser comme souvenir, ce que je fis, entraînée par l'exemple enfantin de Mme Albini.

On a peine à comprendre comment on a pu élever sur ces dunes une massive forteresse comme celle qui défend l'entrée du Lido ; c'est un ouvrage surprenant dû à l'ingénieur San Micheli, au XVIe siècle. On nous dit qu'un peu plus loin au sud, du côté d'un petit port appelé Malamocco on a construit, au siècle dernier, des ouvrages stratégiques encore plus étonnants : ce sont des digues sur pilotis, larges de quatorze à quinze mètres, construites en pierres énormes dans le but de prévenir l'ensablement des passes du Lido ; c'est ce qu'on appelle les *Murazzi;* mais nous n'avions pas le temps d'aller les voir.

Revenus à la lagune, nous prîmes une barque, c'est-à-dire une gondole où le felze est remplacé par une tente, afin de nous faire conduire à la petite île de Saint-Lazare des Arméniens où demeurent les savants religieux Mekitaristes dont nous voulions visiter l'établissement et l'imprimerie arménienne. Nous faillîmes bien rester en chemin faute d'eau, car la marée, qui, chose bizarre, se fait beaucoup sentir dans les lagunes, était à son plus bas degré, et, dans une passe, nous nous trouvâmes presque aussi à sec que le poisson de Tobie, ayant au plus deux pouces d'eau sous la quille heureusement toute plate de la gondole. Or, ce n'était pas amusant du tout, car il n'y avait pas moyen de songer à débarquer dans les bancs de boue noire qui s'étendaient de tous côtés sous le soleil. Enfin, après bien des soupirs et des exclamations, mais cependant sans avoir chanté le poétique refrain :

> Que Saint-Marc et la Madone
> Soient en aide au gondolier !

le nôtre parvint à nous tirer de là, et nous entrâmes dans une nappe d'eau suffisante qui nous porta jusqu'à la porte du couvent.

Cet asile religieux et scientifique m'a vivement intéressée. Il nous fut montré en détail par un moine qui parlait très-bien le français ; la bibliothèque est fort belle et pleine d'ouvrages précieux pour les orientalistes. On voit dans le parloir quelques jolis tableaux, entre autres deux ou trois portraits de lord Byron qui rappellent la fantaisie par suite de laquelle l'auteur des Foscari s'enferma dans cette solitude afin d'y vivre en studieux ermite. Il est seulement étonnant que cette résolution ait tenu trois mois. Elle lui vint sans doute à l'esprit après l'un de ces esclandres qui s'élevaient souvent entre lui et la Margarita Cogni, son exigeante et plébéienne odalisque, qui fit tant de tapage à Venise.

Comme nous allions sortir des Arméniens, emportant comme souvenir quelques photographies du lieu et un petit livre imprimé en langue orientale avec traduction française, nous fûmes tout surpris de voir arriver tout à coup dans le vestibule....., devine un peu qui..... J'avoue qu'il nous fallut faire grand effort pour ne pas rire. En vérité, nous ne pensions plus du tout à eux, mais nous les revîmes avec amusement.—Les Fandango, ma chère!—eux-mêmes, tous les trois, la dame en tête, M. Becker, marchant derrière elle dans l'attitude galante et soumise du vrai sigisbé vénitien, et, en dernier, Fandango, qui se dégourdissait les pattes en exécutant une sarabande.

Nous nous rencontrâmes juste au moment où nous allions écrire notre nom sur le registre ouvert aux visiteurs. On s'écria à notre vue et l'on nous fit un accueil plein de grâce; nous y répondîmes assez froidement, car tout cela nous semblait un peu drôle. En revenant à Venise je fis part à mes compagnons de ce que j'avais observé à la gare de Milan et nous en vînmes à conclure que cette dame était bien imprudente de se confier ainsi à un individu qui n'avait pas l'air de grand'chose de bon.

Nous laissâmes à droite une île dans laquelle se trouve le triste établissement des aliénés, et, comme il n'était pas encore cinq heures, nous touchâmes aux îles San-Giorgio et de la Giudecca. Dans la première nous vîmes Saint-Georges Majeur qui se trouve faire vis-à-vis à la Piazzetta. Cette église, exhaussée sur un perron de sept marches, est toute en marbre blanc; la façade est corinthienne, genre rare à Venise, et la coupole d'un bel effet. L'intérieur est divisé en trois nefs, séparées par des pilastres corinthiens. Comme objets d'art, nous y avons remarqué des statues d'évangélistes et quelques tableaux du Tintoret.

Dans l'île de la Giudecca nous vîmes aussi ce même jour, l'église du Rédempteur (Redentore); elle passe pour un chef-d'œuvre de régularité classique; mais l'ensemble est froid. Rien de bien remarquable à l'intérieur, excepté trois peintures de Giovanni Bellini conservées dans la sacristie.

— Encore une bonne journée! disions-nous quelque temps après en dînant avec nos jeunes compagnons de route. Décidément nous étions inséparables. Tu peux bien t'imaginer qu'il m'était venu plusieurs fois à la pensée de ne pas gêner du tout ce jeune couple, de ne pas trop prendre l'initiative des propositions, en un mot, de les laisser complétement libres de choisir la solitude à deux, si cela leur allait mieux. La discrétion nous en faisait un devoir; mais, véritablement, ces aimables enfants semblaient se trouver bien avec nous et la sympathie croissait de jour en jour. Nous avions beaucoup d'idées que nous pouvions mettre en commun et une grande analogie dans notre manière de sentir les beaux arts. Si bien que, ce soir là même, nous étions encore ensemble à une table du café Florian, écoutant le concert qui, d'après notre programme, avait lieu *dans le plus beau salon du monde*, — *c'est-à-dire dans la place Saint-Marc.* Nous prenions des glaces, qui sont excellentes à Venise, et nous causions, tout en regardant l'horloge dont le transparent illuminé laissait tomber toutes les cinq minutes un nombre dans l'éternité.

La foule était nombreuse : des étrangers surtout. Les tables s'étendaient bien avant sur la place et étaient toutes occupées. Tout-à-coup, pendant que nous écoutions le *Miserere* du *Trovatore*, nous vîmes venir à nous, à travers tout ce monde, le trio Fandango; sans se soucier si nous en étions charmés ou non, M. Becker, qui portait deux chaises, les installa auprès de nous en déclarant que madame et lui seraient très-heureux d'avoir l'autorisation de prendre place à notre table, d'autant qu'il leur était impossible de s'en procurer une autre. Il n'y avait qu'à faire contre mauvaise fortune bon cœur. La dame s'assit près de moi et se mit à causer avec un air de bonhomie qui fit presque envoler mes préventions; en la voyant de près, cette personne était bonne, mais crédule et trop facilement prise par l'apparente galanterie d'un jeune homme, ce qui arrive parfois à certaines femmes âgées peu sérieuses.

Dans l'intervalle des morceaux une bouquetière passa, mise comme une grande dame, traînant la queue de sa robe de soie et coiffée en cheveux à la dernière mode. C'était assez étrange. M. Becker lui prit quelques roses, en offrit aux trois dames et en fixa une sur l'oreille gauche de Fandango. Presque au même moment notre groupe devint l'objectif de deux de ces marchands ambulants qui abondent à Venise et dont nous avions été harcelés bien souvent; l'un nous secouait aux oreilles un bracelet de coquillages, l'autre une cravate de verre filé. Nous refusions, lorsqu'un des deux, mieux inspiré, mit sous nos yeux une petite gondole en fer blanc peint, longue d'une

vingtaine de centimètres et représentant très-
exactement la délicieuse embarcation vénitienne : — « Voyez, mesdames, une gondole
de Venise : cela ne coûte qu'un franc. » On ne
pouvait pas dire que c'était trop cher; nous
fûmes pris à cet appât; sans avoir de valeur,
l'objet était gentil par la ressemblance et le
souvenir qu'on y pouvait attacher. Mme Albini et
moi nous fîmes la réflexion qu'on pourrait amuser avec cela bien des enfants et que c'était le cas
ou jamais d'acheter plusieurs de ces babioles.
Le vendeur en avait quatre sur lui qu'il nous
livra; mais comme, à notre compte, il nous en
fallait bien davantage, il nous proposa de le
suivre à un certain magasin sous les arcades
des Procuraties où nous pourrions choisir à
notre gré. On aurait fort bien pu attendre jusqu'au lendemain; mais, véritablement ces gondoles avaient toqué Mme Albini et il aurait fallu
être plus dur qu'un tigre pour résister au coup
d'œil avec lequel elle supplia d'aller lui en
acheter tout de suite. Comme, de mon côté,
j'avais exprimé le même désir, mon mari se
dévoua pour notre cause commune et partit,

accompagné du marchand ambulant, et, aussi, de M. Becker qui voulut faire l'officieux.

Pendant que nous étions ainsi les trois dames seules avec M. Albini, j'eus une de ces inspirations qui viennent du cœur, et pour cela, sans doute, ne réussissent jamais. Je demandai à Mme Fandango qui était ce M. Becker et d'où elle le connaissait. Elle me répondit que c'était du voyage seulement, mais qu'il était impossible de voir un jeune homme mieux élevé, plus prévenant et que ses soins et ses politesses lui avaient été bien utiles en route. Elle ajouta que, dans leurs conversations, il était souvent question de connaissances communes à M. Becker et à elle, circonstance qui avait accentué plus vite la leur. Moi, simple, et cédant à cette rage que j'ai toujours eue de donner de bons conseils, même à ceux qui ne m'en demandent pas, je crus l'occasion favorable pour dire que M. Becker avait agi de même avec nous à Monza afin de lier connaissance avec mon mari et j'ajoutai que nous avions quelque raison de ne pas le croire sincère. Hélas! je touchais à de chères illusions; le ton avec lequel on me répondit me fit voir que j'avais eu tort de vouloir allumer un bec de gaz dans une rue qui prétendait rester obscure et je changeai vite le sujet de la conversation.

D'ailleurs Becker et mon mari revinrent bientôt, portant une quantité de petites gondoles renfermées dans des boîtes, et la satisfaction de M^{mo} Albini en se voyant à la tête d'une telle flotte, détourna complètement ma pensée.

Nous rentrâmes à l'hôtel vers minuit accompagnés des Fandango, car ils se trouvaient, eux aussi, avoir opéré leur descente à la Luna.

DIX-NEUVIÈME LETTRE

QUATRIÈME JOURNÉE A VENISE. — CRYPTE DE SAINT-MARC.
PROMENADE SUR LE GRAND CANAL. — PONT DE RIALTO. — PALAIS
DU GRAND CANAL.
SECONDE VISITE A L'ACADÉMIE DES BEAUX-ARTS.
EGLISE SAINT-SÉBASTIEN. — ANECDOTE SUR VÉRONÈSE.
SOIRÉE AU JARDIN ROYAL.

Pour le peu de temps que nous étions à Venise, nous avions vu pas mal de choses : l'Académie des Beaux-Arts, le Palais des Doges, l'Arsenal, le Lido, les Arméniens, la Fabrique, huit églises, sans compter Saint-Marc, et nous avions fait de bien belles promenades en gondole.

Ce jour-là, 18 septembre, nous eûmes l'avantage d'assister à une cérémonie religieuse pleine d'intérêt. A l'occasion des Quatre-Temps, l'archevêque de Venise donnait l'ordination à quelques nouveaux prêtres dans l'église de Saint-Marc. Ce fut pour nous l'occasion de voir cette basilique remplie de fidèles et d'y suivre un office imposant et assez rare.

Aussitôt après, nous descendîmes dans la crypte où il n'y a plus rien à voir puisque le cercueil qui contenait les reliques de saint Marc, apportées d'Alexandrie le 21 janvier 829, n'existe plus. Cette chapelle souterraine est positivement envahie par l'eau ; sa voûte s'effondre en plusieurs endroits et je me demande avec inquiétude si le chœur et l'autel, placés juste au-dessus, ne feront pas quelque jour un plongeon subit. On y faisait des travaux d'épuisement très-pénibles et nous sortîmes de là tristement impressionnés.

Après avoir regardé avec plus d'attention que la première fois les mosaïques et les tableaux de l'église, nous nous arrêtâmes quelque temps devant les mausolées d'Andrea Dandolo, de Vitale Falieri, de Morosini et de Gradenigo, tous doges de Venise ; puis, dans une chapelle d'entrée, à droite, un fort beau monument de bronze du XVI⁰ siècle, élevé sur le cercueil du cardinal Zeno qui légua son immense fortune à la République. Cette chapelle communique avec le baptistère qui se trouve sous le porche, à droite, toujours d'après l'usage byzantin. La cuve de marbre blanc est surmontée d'une statue de saint Jean-Baptiste.

Dans cette matinée, nous voulions pousser jusqu'au pont de Rialto et prendre une idée de ce quartier antique et central qui est, pour ainsi dire, le cœur de Venise. Nous voici donc de nouveau en gondole, glissant encore sur ce magnifique Grand Canal qui est véritablement le Corso vénitien, admirant pour la seconde fois au passage les beaux palais qu'on nous avait signalés l'avant-veille et nous attristant de voir le nom vénal *Albergo* aux façades des plus illustres.

Après le second palais Grimani devenu, comme je crois te l'avoir dit, le grand bureau de poste, nous voyons les longs portiques des *Fabriche vecchie*, édifice affecté à diverses magistratures; puis, passant encore devant le palais du dernier doge, — un chef-d'œuvre de

Sansovino, — nous débarquons au pied de l'escalier de droite du Rialto, pont tant chanté par les poètes.

Le fait est qu'il est charmant d'originalité, vu ainsi par un beau soleil du matin qui rayonne gaîment sur sa large arcade se reflétant dans les eaux vertes du Canal. La construction de ce pont remonte au XVIe siècle : il est disposé en trois passages, celui du milieu présentant l'aspect d'une rue bordée de boutiques ouvertes, les deux autres bordées d'une balustrade sur le canal. La clé de l'arc est ornée de l'écusson du doge Pascal Cigogna, sous lequel le pont fut construit, et les quatre angles portent des images des saints patrons de Venise.

Après avoir bien regardé le pont dans tous ses détails, nous nous engageâmes un peu dans le quartier, qui a beaucoup de caractère et un aspect commercial frappant, mais dont certaines rues ont été, je crois, modifiées et élargies depuis peu. Il s'y tient des marchés de légumes, de volailles, de viande et autres denrées.

Nous n'allâmes pas trop loin, de peur de nous perdre dans ce dédale de rues. Nous entrâmes seulement dans l'église Saint-Jean-Chrysostôme (Zan Grisostomo), qui est assez belle et où l'on voit une des dernières œuvres de G. Bellini. Puis, tenant beaucoup à continuer notre excursion tout le long du Grand Canal, nous reprîmes la gondole qui nous avait attendus au pied du Rialto.

Au sortir de l'arche, nous passâmes devant le Tribunal d'appel, ancien palais dit des *Camerlinghi*, très-belle architecture de Gugliemò Bergamasco: en face, à droite, une Douane, *Fondaco dei Tedeschi* (entrepôt des allemands), vaste édifice que le Giorgione avait couvert de belles fresques qui ont péri; à droite les bâtiments neufs (*fabriche nuove di Rialto*), bazar monumental composé de trois ordres de portiques sur une façade de vingt-cinq arcades.

Passant rapidement devant beaucoup d'autres édifices riants ou superbes, gracieux ou magnifiques, tels que le petit palais Valmarana et le Micheli des Colonnes, nous arrivons en face de la célèbre Maison d'or ou *Cà d'oro*, ainsi

nommée soit à cause des dorures qui en auraient autrefois couvert la façade, soit du nom
de la famille patricienne Doro qui l'aurait fait
bâtir.

C'est une ravissante construction mauresque
qui semble avoir été apportée là dans l'intervalle d'une belle nuit d'été par un des génies
serviteurs de la Lampe merveilleuse, momen-
tanément aux ordres de l'architecte Longhena.

Mais, de tout ce qui a passé sous nos yeux,
pendant que la gondole, glissant sans nous
troubler du moindre mouvement, faisait dérou-
ler sous nos yeux cet éblouissant panorama, le
plus remarquable effet fut peut-être l'apparition du palais Vendramin Calerghi, monument
du XVe siècle, bâti en pierres d'Istrie par
Lombardo. Il a deux étages percés de cinq
doubles fenêtres séparées par une colonnette.
L'ensemble, de style corinthien, est dominé
par une corniche grandiose. Des revêtements
de marbre colorés, distribués avec goût, ajou-
tent au charme extérieur. Quant à l'intérieur,
qu'on dit très-beau, — mais privé maintenant
de la plupart de ses belles peintures, — nous

ne l'avons pas visité. Tu n'ignores pas que cette belle résidence appartient au comte de Chambord. La duchesse de Berry, sa mère, dont l'esprit délicat appréciait et encourageait les arts, demeurait souvent au palais Vendramin et se plaisait à l'orner ; le comte s'y plaît moins, et, le plus souvent, cette somptueuse habitation reste déserte.

Après le palais Vendramin, le Grand Canal devient beaucoup moins orné ; nous ne remarquâmes plus que l'église Saint-Jérémie, et du côté opposé, à droite, celle de Sainte-Marie de Nazareth, qu'on appelle plutôt des Scalzi ; elle touche la gare du chemin de fer ; nous y entrâmes ; mais l'intérieur, d'un style chargé, ne nous a pas semblé très-remarquable.

Nous n'étions pas loin du Jardin botanique ; mais convaincus que ce devait être là un des moindres attraits de Venise, et gâtés par le souvenir de toutes les belles plantes exotiques que nous avions vues en faisant le tour des lacs, nous renonçâmes à visiter cet établissement. Il nous sembla préférable de revenir tout le long du Grand Canal, lentement, à loi-

sir, pour mieux revoir tous les beaux édifices
qui nous avaient charmés. C'est même sur les
notes que j'ai prises ce jour-là dans la gondole
que je dois de pouvoir te faire cette énumération, nécessairement incomplète. Mais, ajoutes-y
l'effet pittoresque des gondoles croisant le canal
en tout sens ; les unes chargées de fruits, de légumes, de provisions ménagères de toute sorte :
les autres de promeneurs ; celui des pieux colorés plantés dans l'eau à la porte des maisons
pour y amarrer les gondoles qui jouent dans ce
singulier pays le rôle de chevaux et d'équipages,
et tu auras une idée de la principale *rue* de
Venise.

Dans l'après-midi nous retournâmes à l'Académie des Beaux-Arts ; mais cette fois, au lieu
de courir sans nous arrêter à travers les salles,
nous allâmes tout de suite nous placer devant
ce que nous tenions le plus à admirer de nouveau. Notre connaissance en devint plus complète. La salle de l'Assomption et les trois appelées de Palladio, furent alors mieux comprises par nous. Nous admirâmes à loisir la
Présentation du Titien dont un artiste copiait.

en sujet détaché, la ravissante petite Vierge montant à l'autel. Elle se trouve dans la quinzième salle, ainsi que l'anneau de Saint-Marc, de Pâris Bordone, et plusieurs belles toiles de Véronèse traitant des épisodes de la vie de sainte Christine. — Dans la salle voisine est le Repas chez Lévi qu'on ne quitte qu'à regret et dont deux peintres détachaient aussi quelques détails. Cela vaut mieux que toutes les toiles extraordinaires de Carpaccio qu'on voit dans la même salle, surtout celle représentant les dix mille martyrs crucifiés sur le mont Ararat, qui a pourtant un grand succès de curiosité, à cause de l'étrangeté et du fourmillement du sujet.

Je ne t'ai pas dit, l'autre jour, qu'on conserve à l'Académie des Beaux-Arts quelques plâtres de Canova, entre autres le groupe d'Hercule précipitant Lycas, dont le marbre se trouve à Rome au palais Torlonia. C'est un essai de réalisme horriblement contourné, et, malgré son importance et le travail qu'il a dû coûter, un des moindres ouvrages de Canova, bien éloigné du Laocoon qui, peut-être, a pu lui en suggérer la pensée. Venise ne possède qu'un petit nombre de sculptures de cet artiste, qu'elle avait cependant adopté comme un de ses citoyens les plus chers. Les œuvres de ce sculpteur fécond sont disséminées dans toute l'Italie et dans une quantité de résidences princières d'Europe. Quand on pense que Canova a laissé soixante statues, cinquante-quatre bustes, douze groupes, une vingtaine de mausolées, quantité de bas-reliefs, et, avec tout cela, des portraits à l'huile, on ne s'étonne plus des écarts et des inégalités d'un talent qui, d'ailleurs, travaillait beaucoup sur commande.

En revenant de l'Académie, la gondole nous porta à l'église Saint-Sébastien, située de ce même côté du Grand Canal, mais dans un quartier peu central. Nous tenions à y voir le tombeau de Paul Véronèse et les nombreuses peintures que ce grand peintre y exécuta dans une circonstance assez bizarre, si on en croit la légende. Je ne sais trop quel doge, — un Loredan ou un da Ponte, j'imagine (car de 1532 à 1588, durée de sa vie, Véronèse vit régner une douzaine de doges), voulut avoir son por-

trait de la main du grand maître qui s'empressa
de l'exécuter. Mais il arriva que le prince, —
capricieux comme on prétend que les jolies
femmes ont seules le droit de l'être, — trouva
la ressemblance manquée et refusa de payer,
en disant qu'il n'accepterait point un portrait
dans lequel personne ne pourrait jamais le
reconnaître. Paul Véronèse ne dit rien et re-
prit son tableau : mais, quelques jours après,
ayant ajouté une paire de cornes sur la tête du
doge, il exposa son œuvre sur la place Saint-
Marc. Or, malgré le prétendu défaut de ressemblance, chacun reconnut le Sérénissime
chef de l'État. Cette satisfaction d'amour-propre
et cette petite vengeance faillirent coûter cher
à Véronèse. Le doge trouva, avec raison, la
plaisanterie un peu risquée et mit des sbires à
la poursuite du facétieux artiste, qui n'eut que
le temps de s'enfuir à San-Sébastiano pour y
profiter du droit d'asile. Je ne sais s'il y atten-
dit la fin de la colère du doge ou celle de sa
vie ; mais il est certain qu'il eut le temps d'y
payer l'hospitalité de ses protecteurs en faisant
à Saint-Sébastien tout un musée de ses pein-

tures. Nous y avons surtout remarqué : un Christ en croix, un saint Sébastien et le martyre des saints Marc et Marcelin.

Ce même samedi nous ne fîmes plus autre chose que de nous promener à pied autour de la place Saint-Marc, le long du quai des Esclavons et sur la Piazzetta. Nous regardâmes, avec plus de soin que nous ne l'avions fait encore, la façade de l'ancienne bibliothèque (*Libreria Vecchia*), avec ses belles cariatides de la porte du milieu et celle de la Monnaie (*Zecca*) édifice voisin, à l'angle du Môle. Nous entrâmes dans le vestibule pour y voir les deux statues colossales d'Aspetti.

Nous passâmes la soirée au Jardin royal, en partie pour y jouir encore de l'effet du clair de lune, mais aussi parce que nous avions vu les Fandango s'installer au café Florian et que nous tenions à les éviter.

VINGTIÈME LETTRE

21me journée.
Dimanche, 19 Septembre.

CINQUIÈME JOURNÉE A VENISE. — EGLISES SANTA-MARIA DELLE
SALUTE ET DES JÉSUITES (DU ROSAIRE)
A L'OUEST DU GRAND CANAL. — UNE BONNE IDÉE.
PROMENADE ACCIDENTÉE DANS LES RUES DE VENISE. — JARDIN
PUBLIC.

Pour entendre la messe le dimanche à Venise, nous n'avions que l'embarras du choix.
Nous hésitions pour aller à Saint-Marc ou à
Sainte-Marie du Salut. La pensée que nous
avions déjà assisté à une belle cérémonie, la
veille à la cathédrale, nous décida pour Sainte-
Marie du Salut. Cette église, que je t'ai men-
tionnée plusieurs fois, à cause de sa situation exceptionnelle à l'entrée du Grand Canal,
où elle forme un effet de perspective très-frap-

pant, est un des plus vastes temples de Venise. Les connaisseurs disent que ce monument,
dessiné par l'architecte Longhena, marque le
début de la décadence architecturale de Venise; cependant l'œil est charmé de ce beau
perron, de ce majestueux portique et de ces
deux coupoles bien autrement élancées que
celles de Saint-Marc.

L'intérieur est moins remarquable, ce me
semble; le grand autel, avec sa Madone met-
tant la Peste en fuite, est maniéré. Il y a beaucoup de tableaux et de fresques, mieux éclairés
que dans la plupart des autres églises; mais je
n'en ai pas été particulièrement frappée, si ce
n'est des petits tableaux placés dans le chœur,
derrière l'autel, peints par le Titien qui s'est
représenté lui-même sous les traits de l'évan-
géliste Mathieu. J'ai vu aussi une Noce de
Cana du Tintoret qui manque complètement de
sentiment religieux et ressemble à une Ker-
messe. Le tombeau du sculpteur Sansovino
se trouve dans le cloître dépendant de l'église,
cloître qui est aujourd'hui un grand sémi-
naire.

Le gondolier qui nous avait fait traverser le Grand Canal pour nous conduire à la messe ne voulut point nous ramener à l'hôtel avant de nous avoir fait contempler une seconde église des Jésuites, dite du Rosaire, qui se trouve de ce même côté, mais sur un quai opposé à celui de Sainte-Marie, et nommée *Fondamenta delle Zallere*.

Elle ne remonte qu'au siècle dernier, et quoique très-ornée n'a rien de bien frappant. Seulement, de son portique, orné d'énormes colonnes, on a toute la vue de l'île de la Giudecca, de l'autre côté du canal de ce nom. En revenant, nous tournâmes le coin de la douane de mer, dont nous vîmes alors de très-près les portiques, la tour carrée et le globe surmonté d'une statue girouette représentant assez satiriquement la Fortune.

Après déjeuner nous eûmes une grande et belle idée ; cela arrive quelquefois. Fiers de ce que nous avions déjà vu dans Venise, espérant que cela devait avoir suffi à nous donner une connaissance passable de la cité des doges, nous formâmes le projet de nous lancer tous quatre dans les rues sinueuses de l'intérieur sans autre guide que le plan dont mon mari avait toujours sa poche ornée.

Nous voici donc partis pleins de confiance : nous passons sous l'Horloge et nous entrons dans la Merceria, quartier commerçant de Venise où nous avions déjà flâné plusieurs fois le soir, regardant les magasins de bijoux, de nouveautés et de comestibles de ses rues étroites, dallées et propres comme un salon. Nous gagnâmes facilement le *campo* ou place Santa-Maria Formosa, et nous rentrâmes un moment dans cette église, seulement pour revoir la Sainte-Barbe de Palma le vieux; puis, nous dirigeant vers le nord-est, nous arrivâmes tout droit sur Saint-Jean et Paul (San-Zanipolo), dont nous revîmes en détail les beaux mausolées.

Ce succès nous remplit d'orgueil. Pensant que ce n'était pas si difficile qu'on le disait de se retrouver dans les rues de Venise, nous résolûmes d'y poursuivre hardiment notre pérégrination, et de l'exécuter sans demander à personne la moindre indication. Nous enfilons la première rue à droite, nous tournons dans celle qui se rencontre immédiatement après, puis à gauche dans une *salizada*, ou rue, comparativement assez large ; après quoi nous nous trouvons dans une espèce de carrefour où plusieurs rues aboutissaient et qui nous désorienta complètement. Bientôt nous étions dans un inextricable réseau, tournant et retournant sur nos pas comme des souris en ratière, allant de l'orient à l'occident et du nord au sud sans y rien comprendre. Je ne saurais te dire combien de fois nous nous sommes trouvés sur la place Manin, et surtout combien de fois nous y sommes revenus, sans nous douter que nous étions tout près du Grand Canal, dont la proximité nous aurait aidés à nous orienter. Au lieu de cela, nous arrivâmes à nous en éloigner complètement, en enfilant de nouvelles petites rues ; ce que nous avons monté et descendu de ces escaliers qui conduisent aux ponts pour franchir les canaux est incalculable ; nous n'en avions plus de jambes. A tout instant, nous nous croyions hors d'affaire, grâce à une éclaircie qui nous semblait devoir aboutir directement au Grand Canal : puis un détour perfide nous éloignait, et nous nous trouvions à un endroit déjà parcouru, arrêtés net par des impasses, ou jetés, sans savoir comment, dans l'intérieur d'une cour d'habitation particulière.

Après plus d'une heure de cet exercice, nous nous trouvâmes tout-à-coup sur un vaste quai, d'aspect différent de ceux que nous avions déjà vus, et duquel, perdant complètement la vue du port de Venise, on n'avait devant soi que la mer à perte de vue. Nous étions positivement stupéfaits du résultat de nos tours, et encore bien plus quand, en consultant le plan, qui là, du moins, pouvait nous servir à quelque chose, nous vîmes que nous étions tout à l'extrémité du quai neuf septentrional (*Fondamente nuove*), à l'opposé du quai des Esclavons et en face du canal pour Murano.

Nous nous regardâmes avec découragement. M. Albini ouvrit alors l'avis que le mieux à faire était de prendre une des rares gondoles qui stationnaient par là et de nous faire reporter dans le centre de Venise. Mon mari se rangea à cette opinion, et il semble que c'était, comme exécution, la chose la plus simple du

monde. Oui, mais en comptant sans l'amour-
propre des femmes. Bien que Mme Albini fût
fatiguée, elle soutint qu'il y allait de notre
honneur à tous de nous retrouver seuls à travers ce dédale de rues, sans gondole ni rensei-
gnements, comme nous nous y étions engagés,
et que, pour sa part, en prêtant une grande
attention aux indications des *sestieri* ou quartiers, inscrites de distance en distance, elle se
chargeait de nous ramener à la place Saint-
Marc. Je soutins son opinion, en dépit de la fatigue de mes jambes qui se seraient mieux
accommodées de prendre une gondole; mais il
fallait faire acte d'esprit de parti. Nous étions
deux contre deux, ce qui assurait au parti fé-
minin une forte majorité, car on sait que dans
la vie privée, il prend ordinairement sa revanche de la grammaire.

Ce que Madame Albini nous fit faire de tours
et de détours est incroyable! Le peloton d'A-
riane s'y serait dévidé. Je la suivais courageu-
sement sans souffler un mot de plainte, faisant
une sublime sourde oreille à tous les bateliers
qui, se doutant bien de notre misère, s'em-

pressaient de nous dire : « Gondola, signore. »
Nous trottâmes ainsi plus d'une heure, et, véritablement, quel que fût mon courage, lassée
de tant d'impasses, d'escaliers et de ruelles, je
dis tout bas à madame Albini qu'il serait peut-
être bon de sacrifier un peu de notre amour-
propre pour sauver ce qui nous restait de
jambes. — « J'y songe bien aussi, fit-elle du
» même ton ; mais, je vous en prie, encore un
» petit moment. Si, au détour de cette rue
» nous sommes encore embrouillés, il sera
» temps de céder. »

Je n'avais pas grand espoir : mais, juste au
tournant, nous voyons écrit sur l'angle :
« Quartier Saint-Marc, » ce qui nous rendit
tout notre orgueil. Quelques instants après nous
montions sur un petit pont à gauche duquel
nous apercevions, — avec une joie qu'il n'a
probablement pas souvent causée, —le sombre
Arc des soupirs. O bonheur ! nous étions sur
le *Rio di Palazzo*, à deux pas de la place Saint-
Marc et bien contents d'y faire une rentrée
aussi glorieuse....

Le hasard nous avait beaucoup mieux servies

que notre habileté dans ce retour; nous ne manquâmes cependant pas d'en tirer belle vanité et de prouver, d'après cela, à ces messieurs, qu'on ne s'égarait jamais quand on se fiait à la conduite des femmes.

Avec tout cela, il était près de quatre heures. Nous nous jetâmes dans une gondole avec d'inexprimables délices et nous nous fîmes conduire au Jardin public, en suivant le canal Saint-Marc tout le long du quai des Esclavons. Ce fut une promenade d'une demi-heure qui nous reposa et nous fit voir encore une fois Venise dans une perspective charmante.

Quant aux Jardins en eux-mêmes, ils trompèrent notre attente; non-seulement parce qu'ils ne consistent qu'en quelques allées de grands arbres, sans autre verdure ni fleurs, mais encore parce qu'ils manquent complètement d'animation. Nous espérions y prendre une idée de la population, comme cela a lieu dans les autres villes: mais bien que ce fût un dimanche, nous ne vîmes rien d'élégant. Des gens du peuple, aussi mesquinement vêtus que dans la semaine, et auxquels je trouvai un air ennuyé qui me gagna. Quelle différence avec notre population de Nice, si gracieusement attifée, si gaie, si animée les dimanches et les jours de fête ! Nous ne fîmes qu'un tour, et après avoir regardé quelque temps la mer du haut de la pointe della Motta qui s'avance entre les canaux San-Pietro et Saint-Marc, nous rentrâmes vite dans notre gondole qui nous ramena à la Piazzetta encore à temps pour aller entendre la fin de l'office et recevoir la bénédiction, avant dîner, dans l'église de Saint-Marc.

Notre soirée se passa sur la place à écouter le concert et à causer au café Florian de nos longues pérégrinations du jour.

VINGT-ET-UNIÈME LETTRE

22me journée.
Lundi, 20 septembre.

SIXIÈME JOURNÉE A VENISE. — ESCLANDRE MATINAL.
AVENTURE TRAGIQUE SURVENUE A Mme FANDANGO. — DÉJEUNER
D'AMIS. — SECONDE VISITE AU PALAIS DES DOGES.

Si agréables que soient les jours, ils passent.

Temps jaloux! se peut-il, etc...

Tant de poètes l'ont dit, que ça ne se dit
plus.

Cette banale pensée fut cependant la première qui se présenta à mon esprit le lendemain matin. Il est si rare de trouver dans la
vie une période de deux ou trois semaines
complètement exempte de soucis et donnée tout
entière aux loisirs de l'esprit, aux distractions

du regard, à l'enrichissement des souvenirs! Nos vacances s'enfuyaient; le temps que nous pouvions consacrer au voyage était presque écoulé et nous n'avions plus qu'une journée à donner à cette mélancolique et intéressante Venise, où j'aurais voulu pouvoir m'installer au moins un mois afin de l'étudier à loisir. Je pensais aussi à nos gentils compagnons de voyage, relation agréable, qui aurait pu, vu la conformité de nos goûts et de nos caractères, devenir une amitié et que nous allions quitter le lendemain. C'était vraiment dommage. Nous avions projeté de passer bien intimement cette journée ensemble, d'aller faire le matin, au café Florian, un déjeûner d'adieux où figure-raient le classique vin de Chypre et les huîtres du Lido, de revoir ensuite le palais des Doges pour avoir une idée moins confuse de toutes les richesses qu'il renferme, comme nous avions fait pour l'Académie des Beaux-Arts.

Notre après-midi serait employée à complé-ter nos acquisitions de photographies, puis à *regondoler* un peu, suivant l'expression de Mme Albini.

Une circonstance bizarre vint ce matin-là ajouter à notre voyage un incident complètement en dehors de notre programme. Il était à peu près neuf heures, j'achevais de me coiffer, seule dans ma chambre, mon mari étant descendu comme à son habitude, lire le journal au petit salon, en attendant que j'aie fini de m'habiller. Tout-à-coup, j'entendis un assez grand bruit dans l'hôtel, suivi d'un éclat de voix avec accompagnement d'un aboiement suraigu qui ne pouvait provenir que du gosier de Fandango.

Je n'accordai d'abord pas grande attention à la chose; mais le bruit se prolongeant, les voix se compliquant, et plusieurs portes dans le corridor s'ouvrant et se fermant, j'en conclus que l'affaire était de nature à attirer l'attention des voyageurs et je voulus en aller prendre ma quote-part. Passant donc ma robe aussi vite que possible, je me précipitai dans le corridor et, de là, sur le palier, au haut de l'escalier qui descend dans la petite cour vitrée et fleurie de l'hôtel, sur laquelle donnent un petit salon et un bureau.

Quelques voyageurs s'y trouvaient déjà, entre autres madame Albini, qui me dit tout de suite : — « Il arrive une histoire affreuse à la dame au chien ; il paraît qu'elle a été volée comme dans un bois ! »

En effet, de l'escalier j'aperçus Mme Fandango, vêtue d'un simple peignoir, tout ébouriffée, et je crois bien même en cornette de nuit, debout dans le bureau de l'hôtel, en proie à une exaltation extrême, gesticulant et donnant, d'une voix vibrante, de longues explications que le maître de la maison semblait écouter avec plus d'incrédulité que de sympathie.

Mon mari, que la dame avait l'air de prendre à témoin, lui disait de se calmer, que les cris n'arrangeraient point l'affaire et qu'il fallait prendre des mesures de sang-froid. Les quelques voyageurs qui faisaient, comme Mme Albini et moi, galerie expectante sur l'escalier, furent bien vite au courant de la chose. En vérité, Mme Fandango était bien à plaindre. Il paraît que le soir précédent, s'étant sentie un peu fatiguée, elle était rentrée de bonne heure et s'était couchée tout de suite après dîner. Or, vers huit heures, M. Becker avait fait enlever deux malles que la dame avait laissées dans le corridor, entre leurs deux chambres qui étaient voisines, et, y joignant son bagage personnel, il était parti pour Trieste, en disant qu'obligé de s'y trouver à jour fixe, il laissait encore pour quelques jours sa mère dans l'hôtel. Ceci n'ayant rien d'extraordinaire, avait été cru sur parole, d'autant plus facilement que M. Becker avait payé sa propre dépense, et que le maître de l'hôtel le croyait bien le fils de la dame âgée. Or, le lendemain matin, avant de soupçonner cette fugue, Mme Fandango, en se levant, avait constaté la disparition de sa montre, de ses bijoux, de son porte-monnaie et d'un portefeuille où elle avait soigneusement serré sa réserve de voyage.

C'était sur l'effet de ce coup de foudre que la pauvre femme était accourue, tout effarée et sans prendre aucun soin de sa toilette, dans le bureau de l'hôtel, où le comptable lui avait appris la suite, ou plutôt le commencement de son infortune, en lui faisant savoir que Becker était parti la veille à huit heures, se disant son fils et la laissant en gage. — Tu peux juger de l'effet de ce vol indigne, auquel se joignait une cruelle mystification.

Ce qu'il y avait encore de fâcheux dans cette affaire, c'est que le maître de l'hôtel, fort ennuyé d'un tel esclandre, avait l'air de douter de la sincérité de Mme Fandango ; dans sa pensée je crois bien qu'il craignait d'avoir à faire à deux fripons s'entendant comme larrons en foire, et cette supposition que la pauvre femme pouvait deviner, contribuait à l'exaspérer. Comme elle ne connaissait absolument personne à Venise, il lui était impossible de trouver des répondants, ce qui redoublait son embarras. De plus, si sérieuse que fût l'affaire, elle avait une teinte de ridicule dont certains voyageurs ne se gênaient pas pour rire, et je crois bien que, sans M. Albini et mon mari, qui se firent généreusement ses chevaliers, elle aurait été aussi abandonnée que l'Aménaïde de Voltaire. La bonne petite Mme Albini fut la première à s'approcher d'elle et lui dit de prendre courage ; j'en fis autant. Enfin, peu à peu on se calma et on finit par où l'on aurait dù commencer, c'est-à-dire par décider d'aller chez le questeur ou commissaire de police central pour lui donner des indications sur Becker et tâcher de le faire poursuivre. Mme Fandango était dans un tel trouble qu'elle demandait de faire vite avancer une voiture, oubliant qu'elle était à Venise.

Enfin, ayant fait une toilette sommaire, elle entra en gondole avec M. Albini, qui pouvait l'aider beaucoup comme interprète (car, pour comble d'infortune, elle ne parlait pas un mot d'italien), et tous deux se rendirent à la Questura ou Direction de police, située sur le quai San-Lorenzo.

Ces événements eurent pour effet de retarder notre déjeuner; mais, enfin, au retour de M. Albini, trouvant qu'il avait assez fait pour la chevalerie, nous adressâmes à la dame des condoléances bien senties et l'expression de l'espérance où nous étions de voir bientôt rattraper son audacieux pick-pocket; après quoi, la laissant en train d'écrire à son banquier, nous partîmes pour le café Florian en faisant les commentaires tragi-comiques comportés par la situation.

Somme toute, que ce soit ou non l'effet de l'égoïsme inhérent au cœur humain, je dois avouer que l'affliction de Mme Fandango ne déteignit pas longtemps sur notre gaîté et nous fîmes un repas très-joyeux où la santé des jeunes époux fut portée et rendue avec la plus franche cordialité. Nous allâmes ensuite sur la place prendre le café ; et nous y étions juste au moment où les statues qui sont de chaque côté sur la tour de l'Horloge Saint-Marc frappaient deux heures sur la cloche de bronze.

C'est un curieux spectacle de voir alors les pigeons descendre en foule des corniches des Procuraties pour venir jusque sur les tables dévorer le grain que plusieurs protecteurs leur versent par sacs ; cela ne se passe pas sans quelque bataille et il y a, à cette occasion, bien des pertes de plumes. Mme Albini et moi, nous nous amusâmes à en ramasser plusieurs quand le champ fut vide après le repas, afin de les garder comme souvenir de ces jolis petits Vénitiens emplumés.

Je ne te reparlerai pas de notre seconde visite au palais des Doges ; elle se fit dans le même ordre que la première, à l'exception des

Pozzi ou cachots, que nous ne voulûmes point revoir, et eut pour résultat de mieux établir ces belles salles dans notre mémoire. Je réparerai seulement une omission que j'ai faite dans ma dix-septième lettre. Je ne crois pas avoir mentionné notre passage dans le sombre et étroit corridor, formé par le Pont des Soupirs, qui fait communiquer la salle du Conseil des Dix avec les Prisons monumentales, dont la façade sur le quai des Esclavons est beaucoup trop élégante pour une telle destination.

Le Pont des Soupirs, qui passe sur le Rio di Palazzo, est aujourd'hui muré de ce côté funeste ; car, grâce au ciel, si terrible que soit la Justice, elle n'a du moins, plus de ces odieux mystères, et ces infâmes assemblages de palais souverains et de prisons d'Etat ne sont heureusement plus dans nos mœurs.

Dans notre promenade en gondole qui suivit cette visite, nous nous appliquâmes surtout à revoir la ville sous ses aspects les plus pittoresques, cherchant les effets qui nous avaient le plus charmés, tels que le point de vue du quai des Esclavons, de la Piazzetta, du Jardin royal, de la pointe de la Douane de mer, etc.

Au moment de perdre cet étrange et splendide panorama, nous disions volontiers comme Roméo : « Eyes, look your last ! » —Mes yeux, regardez pour la dernière fois !

M. Albini affirmait que nous commencions à avoir l'air un peu vénitien. Le fait est que nous savions déjà que l'usage du pays consiste à entrer en marchant à reculons sous le felze de la gondole : en vérité, nous avons pris plus de *barques* (c'est-à-dire d'embarcations où le felze est remplacé par une tente) que de gondoles à felze ; car cette espèce de caisse, excellente pour tous les cas où la gondole doit tenir lieu de landau fermé, gêne beaucoup la liberté du coup-d'œil. Les gens du pays en usent plus que les étrangers. Nous y avons vu un monsieur qui écrivait absolument comme il aurait fait dans sa chambre.

Chaque fois que la barque aborde à un terre-plein quelconque, vous êtes sûr qu'il s'y trouve un vieux bonhomme qui semble détaché d'une gravure de Callot et qui, happant votre embarcation avec une gaffe, vous tend ensuite révérencieusement son chapeau.

Outre cette spécialité du vieux gaffeur de gondoles, il y a encore : le souleveur de rideaux dans les églises, le donneur d'eau bénite, l'ouvreur de portes de sacristies, le souleveur de voile de tableaux, l'explicateur de tout ce qui n'a pas besoin d'explication, sans compter les marchands ambulants de toutes sortes de babioles. Ce qu'on dépense ainsi en menue monnaie à Venise est incroyable. Il est bon de s'en munir dès le matin, afin de ne pas être pris au dépourvu et de ne pas être obligé de donner plus que toutes ces petites aumônes n'exigent.

Nous rentrâmes à l'hôtel quelque temps avant dîner; d'abord parce que nous avions à remettre nos malles en ordre et à tout préparer pour le départ du lendemain; ensuite parce que notre conscience nous disait qu'il serait bon de prendre des nouvelles de Mme Fandango.

Nous la trouvâmes dans un grand accablement.

— « Hélas ! Madame, me dit-elle, je me rappelle maintenant vos paroles d'avant-hier au soir. Vous aviez bien raison ! » Ce n'était pas le moment de m'en glorifier ; je murmurai quelques mots de vague consolation, tout en caressant le bichon dont la tenue était véritablement digne d'éloges. Soucieux de la peine de sa maîtresse, Fandango

> L'œil morne maintenant et la tête baissée,
> Semblait se conformer à sa triste pensée.

Pour un peu, on se serait attendu à lui voir remplacer ses pompons roses par des crêpes funèbres.

J'ai toujours regretté de ne pas avoir su comment l'histoire prit fin et si ce coquin de Becker avait été rattrapé ; car, après tout, si imprudente qu'ait été la dame, elle m'intéressait, et j'aurais éprouvé une véritable satisfaction à voir punir l'effronté drôle qui l'avait si cruellement jouée.

Nous terminâmes notre soirée sur la place Saint-Marc, et nous la quittâmes avec bien du regret.

Le lendemain, à huit heures du matin, une gondole (la dernière !) nous prenait au bas de l'escalier de l'hôtel La Luna, et moitié chemin par le Grand Canal, l'autre partie dans des canaux latéraux, nous traversions Venise de l'Est à l'Ouest jusqu'à la gare.

VINGT-DEUXIÈME LETTRE

23me journée.
Mardi, 21 septembre.

DÉPART DE VENISE. — QUELQUES SOUVENIRS VÉNITIENS.
PASSAGE A MILAN. — ARRIVÉE A GÊNES.

C'est à Padoue que nous devions quitter les
Albini; ils prenaient là l'embranchement sur
Ferrare, tandis que nous continuions directe-
ment jusqu'à Gênes.

Cette séparation ne se fit pas sans tristesse.
Nous ne nous étions pas quittés depuis une di-
zaine de jours. Le jeune couple avait beaucoup
contribué par sa gaîté à la distraction de notre
route, et sa rencontre avait certainement ap-
porté une pointe d'originalité à notre excursion; nous avions sympathisé dans toutes nos
appréciations artistiques; une plus longue con-

naissance eut très-probablement fait de nous un quatuor d'amis; tu comprendras facilement qu'on avait de part et d'autre le cœur un peu gros en se quittant. La jeune femme et moi nous fîmes échange de ces petits bracelets de fantaisie qu'on appelle porte-bonheurs et j'attachai, pour ma part, à celui que je lui donnais, les vœux les plus sincères. On se promit en outre de s'écrire et de s'envoyer de Nice et Florence des photographies, sans compter la cordiale et réciproque invitation de se voir et de se recevoir si l'on passait une fois dans une de ces deux villes. Le vent n'a pas emporté complètement nos bonnes paroles; car, depuis notre retour d'Italie, en dépit des occupations qui ont pu détourner notre pensée et encore plus celle des jeunes Italiens, nous avons eu plusieurs fois de leurs nouvelles, les photographies promises ont été échangées, et, tout dernièrement, j'ai reçu le *faire part* de la naissance d'un enfant.

Ce jour-là, 21 septembre, à mesure que chaque tour de roue nous éloignait de Venise, je pensais de plus en plus au séjour que nous

venions de faire dans cette étrange cité ; ce
séjour, qui paraîtra bien insuffisant à ceux qui
ont le bonheur de consacrer de longues semaines aux objets de leur admiration, avait
cependant suffi pour me donner une somme
de plaisirs bien grande. Je sais que j'ai dû for-
cément négliger bien des choses. Sur une centaine d'églises que renferme la ville, j'en ai vu
seulement une douzaine ; ses palais, d'architecture merveilleuse, ne m'ont pas livré le secret de leur intérieur ; je n'ai point visité les
îles de Burano, Chioggia, Murano, etc... Plutôt
que de perdre des journées à des excursions
rapides, j'ai préféré voir deux fois le Palais-
Ducal et l'Académie des Beaux-Arts, afin de
m'en faire une idée plus nette.

S'il me fallait résumer l'impression domi-
nante que m'a produite Venise, je dirais que
j'ai ressenti surtout un étonnement profond,
s'imprimant dans l'esprit beaucoup plus encore qu'une surprise du regard. Comment se
peut-il qu'une ville bâtie originairement dans
des conditions si bizarres et si précaires ait pu
devenir une capitale si puissante ? Et, comment

se fait-il qu'après avoir tant dominé, elle soit tombée au point de ne plus être qu'une espèce de musée banal empreint d'une mélancolie funèbre?

Ce nom de Venise est encore si magique! Il évoque soudain tant de choses à jamais éclipsées! Il fait si bien revivre dans l'imagination tout un monde défunt. Je ne fais pas seulement allusion à ces pouvoirs ombrageux et terribles, types du plus injuste, du plus absolu et du plus hautain des gouvernements; mais je me reporte surtout à ces mœurs vénitiennes qui ont tant inspiré de mélodies, de scènes dramatiques et de romans. Il n'en est plus question aujourd'hui. Venise est comme un cadre vide éblouissant de dorures, mais dont le sujet est absent. On n'y trouve plus rien de ce qu'ont tant aimé les romanciers. Plus de ces maisons de jeu où se rendaient les aventuriers de toutes les nations, et où se sont engloutis les derniers débris de la fortune séculaire des grandes familles vénitiennes. Plus de masques; plus de ces carnavals, plus de ces fêtes perpétuelles faites pour amuser un peuple enfant et l'endormir sur sa servitude. On n'y trouverait plus guère de fières patriciennes, encore moins de ces hétaïres de suprême élégance qui florissaient du temps de Jean-Jacques Rousseau. La seule chose qui rappelle encore un peu le temps passé, nous a-t-on dit, ce sont les *casini publics,* espèce de cercles dans lesquels se passe toute la vie sociale à Venise (le Vénitien recevant fort peu chez lui.) Ce sont des clubs composés de cinquante, soixante ou quatre-vingts personnes, qui diffèrent des nôtres par cette singularité, — d'ailleurs fort galante, — que ce sont les dames qui en sont sociétaires en titre, tandis que les hommes n'en sont que membres honoraires. Quelques-uns de ces casini sont consacrés exclusivement aux nobles : les plus connus sont ceux des Lettrés, des Philosophes, des Consuls, des Vieux, des Cent, etc... sans compter ceux qui répondent aux appellations moins bizarres de Cercle philharmonique, de Cercle des marchands, etc...

Les gondoliers de Venise n'inspireraient plus les poètes ; l'embarcation a gardé sa poésie.

mais le batelier a dégénéré. Ils ne chantent plus les octaves du Tasse, ne font plus de brillantes régates et ne savent plus lancer de ces réparties à la fois insolentes et drôlatiques qui formaient un genre dans l'esprit italien. Le gondolier se meurt, le gondolier diminue de jour en jour; bientôt on pourra dire : le gondolier est mort!

Moins à regretter est l'institution des *bravi*, complètement défunte, et remplacée tout au plus par de vulgaires pick-pockets, sans pittoresque aucun et sans couleur locale. Les bravi étaient des spadassins et des meurtriers de profession qui se mettaient à la solde de tous ceux qui pouvaient payer leurs services et assassinaient les gens à des tarifs réglés :

> Monsieur, je tue en ville
> Ou chez moi comme on veut. . . . .
> On me donne moitié d'avance et la moitié
> Après. . . . .

Souvent aussi, quand il n'était pas besoin d'aller si loin, les bravi jouaient, au profit de leurs patrons, des scènes d'intimidation et de chantage dont Molière a parfaitement rendu les procédés dans les *Fourberies de Scapin* et quelques-unes de ses petites pièces.

Il y avait encore le *sigisbé*, élevé à Venise à la hauteur d'une institution sociale. Ce ne devait pas être une des choses les moins amusantes du pays. Une signora vénitienne stipulait en se mariant qu'elle aurait un sigisbé, c'est-à-dire un *homme de compagnie* qui la suivrait comme son ombre et aurait la charge officielle de la servir, de l'amuser, de la distraire et de remplacer l'époux dans tous les petits détails de la vie conjugale. Dès le matin, le sigisbé accourait au lever de la dame, l'aidait à faire sa toilette, méritant ainsi le nom d'*homme de chambre*, et prenait le déjeuner avec elle. Il l'accompagnait dans ses promenades et était de toutes ses invitations, car on eût regardé comme une offense faite à la dame de l'inviter sans son sigisbé, Certaines dames riches en avaient quatre ou cinq. Ces inoffensifs commensaux donnent l'idée du désœuvrement dans lequel certains hommes devaient passer leur vie à Venise. De fait, ils n'étaient

que des parasites parvenus à toute l'expansion
de leur floraison, nuancés d'une forte teinte de
ce qu'on appelle aujourd'hui *petit crevé*. La
graine n'en est pas perdue. Je ne sais de quoi
on doit s'étonner le plus, ou de la complaisance de l'époux qui s'accommodait d'une telle
suppléance, ou de la patience de la femme qui
subissait du matin au soir ces insipides personnages. Il me semble que je n'aurais pas été
longtemps sans mettre cela à la porte. Il est
vrai que parmi les sigisbés, il en était un réservé aux gronderies, aux bourrades, aux mo-
queries de la belle : celui-ci s'appelait le *patito*.
nom qui est resté comme synonyme de souffre-
douleur et de passe-caprice des dames. Les
dîners qu'il faisait dans la maison étaient bien
gagnés.

C'est en pensant à ces choses et à vingt
autres encore que se passa mon trajet de Venise à Milan. Il était deux heures de l'après-
midi quand nous arrivâmes dans cette ville. Il
nous fallait attendre plus d'une heure et demie
le train correspondant qui s'en allait vers
Gênes. Donc, pour mettre à profit l'intervalle,

nous prîmes place dans un omnibus qui nous reporta à la place du Dôme. J'eus encore le plaisir de revoir les belles galeries Victor Emmanuel, de remonter un peu la rue ou Corso du même nom, et, surtout, de rentrer dans la magnifique cathédrale, qui me parut encore plus solennelle et plus religieuse.

Reprenant ensuite le train, nous ne fîmes qu'une traite jusqu'à Gênes où nous arrivâmes à dix heures du soir à l'hôtel de Milan, rue Balbi, non loin de la gare.

VINGT-TROISIÈME LETTRE

PREMIÈRE JOURNÉE A GÊNES. — VUE DU PORT. — PALAIS DORIA.
PROMENADE LE LONG DES RUES BALBI, NUOVISSIMA,
NUOVA, CARLO-FELICE, GIULIA. — ÉGLISES DE L'ANNUNZIATA
ET DE SAN-STEFANO. — PALAIS BRIGNOLE-SALE.
ÉGLISES SAINTE-MARIE DE CARIGNAN ET DU JÉSU. — SOIRÉE
THÉATRALE.

On sait qu'une femme qui a l'esprit de se
connaître évite toujours de se placer entre deux
beautés de première grandeur afin de ne pas
être éclipsée par leur éclat. Elle se rend parfaitement compte de ce qu'elle y perdrait et de
ce qu'elle gagnerait au contraire en étant vue
seule et sans comparaison possible.

Voici ce que je me disais en résumant mes
impressions sur la ville de Gênes à laquelle
Milan et Venise ont fait certainement du tort

dans mon esprit. Je ne crois cependant pas avoir été injuste envers l'antique cité ligurienne, car, tout en m'y étant moins plue que dans les autres, j'ai admiré le mouvement commercial et le caractère vraiment frappant de cette ville active et laborieuse.

Gênes est aussi bruyante que Venise est silencieuse. La rue Balbi sur laquelle donnait notre hôtel est pavée en dalles de la Spezzia, et les voitures nombreuses qui la sillonnent y produisent un tapage épouvantable qu'amortissent à peine les volets intérieurs et extérieurs soigneusement fermés.

Notre première visite, le lendemain matin, fut pour le port dont nous étions très-près. Nous montâmes sur les belles terrasses qui l'embrassent tout entier et d'où l'on se rend parfaitement compte de l'activité commerciale de Gênes. D'un côté, on voit la rade tout entière avec sa forêt de mâts ; de l'autre, entre les terrasses et les maisons, des rues pleines d'une population bruyante et travailleuse, fourmillant au-dessus des portiques, roulant des tonneaux, poussant des voitures, portant des fardeaux, criant, gesticulant, se querellant à outrance. Un chemin de fer s'étend entre les terrasses et les maisons.

Après avoir donné quelque temps à ces observations, nous nous rappelâmes qu'on nous avait dit que la plus belle vue de Gênes n'était pas dans Gênes; mais qu'il fallait voir la ville depuis la mer. En conséquence, nous prîmes une barquette, ressemblant, non plus, hélas ! aux gondoles de Venise, mais à toutes les barques du monde, et nous filâmes entre les mille vaisseaux qui encombraient le port, à la façon d'un lézard glissant entre des éléphants. Nous passâmes entre le vieux et le nouveau môle, terminés tous les deux par un phare, et, au sortir de ce goulet, nous eûmes en effet une vue ravissante. D'un seul regard on embrassait le splendide amphithéâtre formé par les montagnes qui servent de gradins et de ceinture à la ville. Le ciel n'était pas très-clair; les nuages amoncelés vers le nord-ouest touchaient les créneaux de la forteresse de San-Giorgio, et notre batelier nous dit qu'il pourrait bien pleuvoir avant la fin de la journée. Cela nous fit abréger notre promenade sur l'eau, et nous préférâmes aller débarquer au fond du port, dans les jardins du palais Doria, que nous demandâmes à visiter.

Nous y avons remarqué, outre le mausolée de l'amiral, plusieurs fresques de Perino del Vaga, l'heureux élève de Raphaël et le protégé de l'amiral André Doria, entre autres un plafond représentant Jupiter foudroyant les Titans. Au premier étage, dans une loggia donnant sur le port, sont les portraits de tous les princes de la famille Doria; dans un grand salon un fauteuil que le guide nous dit avoir été celui de Charles-Quint, et un portrait de l'illustre amiral âgé de quatre-vingt-dix ans, en compagnie de son chat fidèle, — ce qui prouve, — soit dit en passant, qu'André Doria est, comme Richelieu, au nombre des grands hommes qui ont ajouté à leurs hautes qualités celle de savoir apprécier le mérite des chats, les plus intéressants et les plus aimables animaux de la création, quoi que puissent dire leurs injustes contempteurs.

En sortant du palais Doria, nous nous trouvâmes tout près de la gare, et, de là, sur la place de l'Acqua-Verde, où se trouve la statue de Christophe Colomb.

Il ne me paraît pas que Gènes ait fait là un chef-d'œuvre pour honorer l'illustre compatriote auquel elle refusa si énergiquement son appui, au XVe siècle ; puis l'emplacement est mal choisi : la place de l'Acqua-Verde est étroite et dominée par une colline sur laquelle s'étagent de très-hautes maisons qui nuisent naturellement beaucoup à l'effet de la statue en la dominant de hauteur. Le nom de Christophe Colomb est si grand, qu'il exige quelque chose de profondément artistique, ou bien les yeux et le cœur restent également non satisfaits. Je me rappelais, en face de cette statue, un tableau que j'avais admiré, il y a une quinzaine d'années, tableau de M. Maréchal, je crois, représentant Christophe Colomb ramené, captif et les fers aux pieds, en Espagne, sur le vaisseau de son rival Bovadilla. C'était une belle page de sentiment humain et d'ingratitude historique dont le souvenir me touchait plus que cette banale statue, où Colomb a l'air de regarder le lever du soleil et la jeune Amérique de vendre des fruits.

Nous nous assîmes quelque temps sur un des bancs du petit square qui entoure la statue, et, pendant qu'en la regardant, je me laissais aller à ces critiques irrévérencieuses, il me revenait encore à la mémoire des bribes d'un morceau de poésie que j'avais récité tout enfant et qui n'avait pas peu contribué à me faire aimer Christophe Colomb et les courageux navigateurs, ses héritiers et ses émules; voici les quelques strophes qui persistaient à hanter mon cerveau :

L'œil fixé dès longtemps sur la carte incomplète,
Un homme au front pensif, au regard de prophète,
D'un génie incompris étouffant la douleur,
En appelait au Ciel. L'ignorance et l'envie
Souriaient en voyant la sublime folie
  De ce mystérieux rêveur.

Tel qu'un aigle entravé dont le regard embrasse
Ce que notre œil borné ne peut voir dans l'espace,
Colomb voyait au loin un second univers.....
Enfin, il prend son vol; il brise tout obstacle;
Dieu lui-même conduit cet homme de miracle
  Au milieu d'étonnants revers.

Le laurier triomphal, la couronne d'épine,
Du génie ici-bas auréole divine,
Jusqu'à la fin des temps sur son front brillera ;
Il est mort... saturé de douleurs et de gloire ;
Mais il n'en a pas moins vaincu. De sa victoire
    Le monde entier profitera.

L'Océan a perdu son ténébreux prestige :
Le cap des ouragans, sombre et dernier prodige,
Devant le fier Gama voit son fantôme fuir ;
Bientôt à l'horizon cent voiles passagères,
Comme de blancs essaims de colombes légères,
    Glissent sous un ciel de saphir.

Le Japon ignoré, la Chine merveilleuse,
Ceylan, l'île embaumée et l'Inde fabuleuse,
N'ont plus pour les vaisseaux de mirages trompeurs.
L'immense Océanie, où les îles lointaines
Sortent, comme des fleurs, du vert gazon des plaines,
    S'ouvre enfin aux explorateurs.

De l'équateur brûlant à la zone glacée
Mille hardis marins, sur la route tracée
Par Magellan et Cook, ont lancé leurs esquifs.
Hélas ! combien sont morts sur la plage inconnue !
Combien se sont perdus en cherchant une issue
    Vers le pôle aux flottants récifs.

Mais, tel que le guerrier, qui poursuit sa carrière
Sans compter tous les morts couchés dans la poussière.
Rien n'émeut du marin le cœur audacieux;
Et de nouveaux esquifs, sur les mêmes sillages,
Bravant les mêmes maux et les mêmes naufrages,
      Sont repartis fiers et joyeux!

Courage, travailleurs! Ah! d'une âme intrépide,
Livrez encore la nef à la vague perfide :
De vos nobles travaux vos fils se souviendront;
Sur votre pavillon, agité par la brise,
On lit : *Fraternité!* — Telle est votre devise
      Que tous les peuples béniront.

Car vous ne voulez point leur imposer la crainte.
Non, non! vous leur offrez une alliance sainte
Et la Paix est assise à votre gouvernail...
Des Arts civilisés vous leur portez la joie,
L'Industrie aux mains d'or, aux vêtements de soie,
      Fille opulente du Travail.

Les blonds épis, les vins, les boissons parfumées,
Les radieux bijoux aux couleurs enflammées,
Les métaux enfouis loin des yeux des mortels,
Les tissus merveilleux dont la beauté se pare,
Tout abonde, tout dit : Qu'on ne soit point avare
      De ces échanges fraternels.

Travaillez, commercez ! Que les mers écumantes
Ne soient plus les témoins de vos luttes sanglantes ;
Que les canons guerriers n'y soient plus entendus,
Et que les souvenirs de belliqueuse gloire
Dans l'amour et la paix, chrétienne victoire,
        Restent à jamais confondus !

Oh ! oh ! — je me suis laissé entraîner à faire ma citation un peu trop longue ; tant pis : je ne biffe rien, tu as toujours la ressource de passer ces strophes, si elles t'ennuient. Pour moi, j'en étais là, et peut-être même plus loin, quand mon estomac me rappela tout prosaïquement qu'il était l'heure d'aller déjeuner.

Juste pendant que nous étions occupés de cette façon, la prédiction faite par le batelier qui nous avait sortis du port commença à se vérifier. Une petite pluie vint à tomber, rafraîchissant le temps qui était orageux et lourd, mais salissant les rues et voilant l'atmosphère, dont la clarté est si appréciable en voyage.

Nous décidâmes cependant que cette pluie ne nous ferait point perdre notre journée et nous prîmes le parti d'aller visiter quelques églises. Nous voici donc trottant dans la rue

Balbi où les voitures font décidément un vacarme inouï. Pas moyen de causer en s'y promenant, sous peine de se casser la voix pour le restant de ses jours. Nous admirons au passage ces beaux hôtels particuliers qu'on appelle ici des palais, et qui ont fait donner à Gênes le surnom de ville superbe; je remarque surtout l'Université, magnifique bâtiment avec un vestibule orné de superbes lions de marbre; le palais Royal, situé en face; il a perdu son nom de palais Durazzo depuis 1815, époque à laquelle il fut acheté par les princes de Savoie. Un autre palais, appelé vulgairement della Scala, à cause de son escalier monumental, a pour nom réel celui de Durazzo. Tous ces monuments sont situés dans la rue Balbi.

Cette rue aboutit à la place de l'Annunziata, sur laquelle se trouve l'église de ce nom, médiocre d'apparence extérieure, d'autant plus que la façade n'est pas achevée. L'intérieur est riche, mais d'un goût douteux; j'y ai remarqué le tombeau du duc de Boufflers et quelques tableaux, difficiles à voir.

En quittant cette église nous tournâmes à

droite dans la rue Nuovissima, puis dans la Nuova qui lui fait suite, admirant les façades des palais Rouge ou Brignole-Sale, Serra, Tursi ; — ce dernier est aujourd'hui le Municipio ou l'Hôtel-de-Ville, — puis celles des palais Adorno, Spinola, etc...

Tous ces monuments sont beaux, d'une architecture vraiment remarquable ; mais, je les ai trouvés un peu massifs à côté de la légèreté et de la grâce vénitiennes ; de plus, je pense que les façades produiraient un bien meilleur effet si elles n'étaient pas posées juste sur la rue, mais bien reculées de quelques mètres et isolées par des parterres de gazon ou de fleurs.

Nous allâmes ainsi jusqu'au bout de la place de la Fontane-Amorose sur laquelle se trouve un second palais Spinola ; puis, descendant à droite, une rue nous mena droit au théâtre Carlo-Felice dont l'architecture extérieure ne signifie rien, mais qui est intérieurement, dit-on, un des plus beaux et des plus vastes de l'Italie.

De là, tournant encore à gauche, la rue Giulia nous mena droit à San-Stefano, église dont la façade est faite de marbres alternativement blancs et noirs et qui offre à l'intérieur un saint Étienne martyr, attribué pour une moitié à Raphaël et pour l'autre à Jules Romain. Je dois avouer qu'il m'a produit peu d'effet.

Revenant alors sur nos pas, nous fîmes deux choses importantes. La première, la demande d'une permission pour visiter le surlendemain à Pegli la villa Pallavicini; nous dûmes pour cela nous adresser au palais Durazzo della Scala, rue Balbi, 1. Après quoi, en repassant devant le palais Rouge, rue Nuova, nous demandâmes l'autorisation de le visiter, ce qui nous fut immédiatement accordé. La collection de tableaux est fort intéressante; il y a des Van Dyck, des Corrège, des Dolci, etc... La famille Brignole-Sale est éteinte et le palais appartient maintenant à la ville.

Il pleuvait toujours. Cela ne nous avait pas empêchés de bien profiter de notre après-midi. Mais que faire de notre soirée après le dîner? Il nous revint alors à la pensée d'avoir vu dans la journée une affiche d'un théâtre de genre, dans lequel on donnait la Grande Duchesse de

Gérolstein. Cela nous parut plaisant d'aller voir cette folie en italien, et valait toujours mieux que passer la soirée à l'hôtel. Nous trouvâmes un ténor qui n'était pas sans mérite, une chanteuse qui enleva fort bien ses cascades et la romance : « *Dites-lui...* » mais pour le reste la charge me sembla beaucoup plus exagérée, et, par suite, plus vulgaire qu'en France. Il est vrai qu'un tel genre supporte peut-être encore moins la traduction qu'un autre. En dépit de ces réserves, j'y pris un assez grand plaisir.

Ainsi finit notre première journée à Gènes.

VINGT-QUATRIÈME LETTRE

25me journée.
Jeudi, 23 septembre.

DEUXIÈME JOURNÉE A GÊNES. — CIMETIÈRE DE STAGLIENO.
PROMENADE DE L'ACQUA SOLA.
ÉGLISES DE SAINTE-MARIE DE CARIGNAN ET DE SAINT-AMBROISE.
CATHÉDRALE DE SAN LORENZO ET QUARTIERS COMMERÇANTS
DU VIEUX GÊNES.
SOIRÉE A LA CONCORDIA. — NUIT BLANCHE.

Le lendemain matin, ma première pensée fut pour le temps, et je vis avec grand plaisir qu'il avait l'air de se relever. Tout de suite après le café, nous prîmes une voiture pour nous mener au cimetière de Staglieno, qui n'est qu'à une demi-heure de Gênes. Ce devait être ma plus forte et ma meilleure impression. Il est vrai que ce Campo Santo s'offrait à moi comme une chose toute nouvelle; je n'en avais pas vu d'autre en Italie. C'est vraiment beau, grand, religieux et digne du sacré souvenir qu'on doit aux défunts. Cette disposition, imitée des columbariums des catacombes pour les tombes ordinaires, ces longues galeries, bordées de mausolées superbes, pour celles qui veulent s'enrichir de toutes les merveilles de l'art, forment un vrai musée, d'un intérêt aussi touchant qu'artistique. On peut y faire une étude complète des jeunes sculpteurs italiens de notre époque, chez lesquels un soin minutieux et surprenant des détails n'enlève rien à la perfection esthétique de l'œuvre. Les splendides mausolées du cimetière Staglieno sont signés Ciappei, Rivalta, Varni, Villa, Rota, Cevasco, etc., tous jeunes gens de grand avenir[1]. Ils ont créé ces nobles allégories, ces anges éplorés ou consolateurs, ces mourantes rési-

1. L'étranger remarque surtout les anges consolateurs que Ciappei a placés au mausolée Taliacarne; — le monument Pallavicini, œuvre de Rivalta; l'ange de l'espérance, la Douleur, la Maternité de Varni; l'ange de paix de Rota; la jeune fille à l'oiseau de Villa, la femme voilée de dentelle du mausolée Badaracco, par le sculpteur Cevasco, etc.

gnées, ces adorables enfants que la Mort vient
faucher comme on cueille une fleur.

En admirant ces belles compositions, je me
disais que si, un jour, par l'effet d'un cata-
clysme de la nature ou de quelque fureur humaine, ces monuments se trouvaient enfouis, dé-
gradés, perdus, comme l'ont été au Ve et VIe siècles tant de chefs-d'œuvre de la statuaire. antique, — et que le hasard les fit retrouver après de
longs siècles, — les générations de cette époque
future auraient de quoi tomber en admiration
devant des débris témoignant de tant de perfection artistique. La belle statue de la Religion, dont l'expression pure et placide domine
maintenant tout le cimetière, donnerait certainement de notre culte une meilleure idée morale que tous les Apollons, les Mercures, les
Bacchus et les Centaures du paganisme, sans
compter ses nymphes et ses Vénus décolletées.

En revenant du Campo Santo, nous allâmes
déjeuner au café de la Concordia, un joli res-
taurant-café-concert, via Nuova, juste vis-à-vis
du Palais-Rouge. Après quoi, charmés de voir
que le soleil l'emportait définitivement sur les

nuages, nous prîmes une voiture pour monter à la promenade de l'Acqua-Sola. Elle est située à l'est de la ville, sur une colline qui n'était originairement pas plus pittoresque que les anciennes Buttes-Chaumont de Paris, et dont on a fait une vraie merveille. Les jardins sont beaux et bien entretenus, ornés de jets d'eau et de plantes rares. La partie supérieure forme une butte que les voitures ne gravissent pas. Nous prîmes plaisir à la contourner à pied jusqu'à la plate-forme finale, de laquelle on domine une vue magnifique sur tous les quartiers neufs.

En descendant cette butte, nous nous trouvâmes tout à coup face à face avec un tigre, fort beau, ma foi, mais auquel nous ne nous attendions pas du tout. Je pense n'avoir pas besoin de te rassurer en t'avertissant qu'il était en cage. Malheureusement pour ces pauvres félins, il n'en est jamais autrement à leur égard en Europe. Sans pousser mon intérêt jusqu'à vouloir lui rendre sa liberté, je ne pouvais m'empêcher de plaindre ce superbe roi d'Orient, réduit à comprimer ses muscles d'acier dans un espace de quatre mètres; je le lui dis même en termes polis et sympathiques; et il me sembla que ses beaux yeux fauves, pleins du reflet des savanes et des jungles, m'en savaient quelque gré.

Il y avait assez de monde à l'Acqua-Sola, car on se préparait pour entendre une musique militaire; mais nous n'eûmes pas le loisir de l'écouter, car nous avions encore beaucoup de choses à voir.

En descendant de cette jolie promenade, notre cocher nous conduisit, par une belle longue rue toute neuve, à une église, nouvelle aussi, qu'on appelle Sainte-Marie de Carignan. Par sa situation sur une hauteur, elle domine toute la mer et une très-grande partie de la ville. Elle est en marbre blanc, d'un style correct et régulier, mais que je trouve froid. On vante beaucoup les tableaux et les statues de l'intérieur, surtout un saint Sébastien de Puget; mais je n'en ai pas été très-frappée.

En quittant cette église, nous nous fiâmes au cocher pour nous ramener chez nous par le plus long et le plus intéressant. Il nous fit aussitôt passer sur le pont de Carignan, arcade très-hardie qui réunit deux collines et au-dessous de laquelle se trouve le quartier des pêcheurs, pittoresque dans son désordre et sa grossièreté ; bientôt, il s'arrêta sur la place Neuve devant l'église Saint-Ambroise, qui, dit-il, mérite bien d'être visitée. Elle est en effet très-magnifique et tout incrustée de marbres précieux. Deux tableaux méritent à eux seuls qu'on se rende dans cette église ; l'un est une Assomption du Guide ; l'autre un saint Ignace de Rubens.

Il n'était pas tard et nous avions encore tout le temps d'aller explorer un peu les quartiers commerçants de la basse ville, formés de rues étroites et dallées comme celles de notre vieux Nice. Nous allâmes d'abord à la cathédrale qui s'appelle San-Lorenzo. Elle est construite en assises de marbre, alternativement blanches et noires, comme les églises déjà vues de Monza et de San-Stefano. Le perron a assez grand air, avec ses marches ornées de deux lions farouches, cousins éloignés de ceux de l'escalier de l'Université. En fait d'objets d'art, la cathédrale de Gênes renferme une châsse d'argent ciselé contenant les reliques de saint Jean, quelques bons tableaux, entre autres une fresque de Teverone représentant le martyre de saint Laurent.

On nous fit voir dans la sacristie la coupe appelée le Sacro Catino, une des plus fortes mystifications religieuses qu'ait inventées l'Italie qui, comme on sait, s'y entend bien. Croira qui pourra que ce vase a servi à Salomon, à la reine de Saba et à Jésus-Christ. On ne le croit toujours plus fait d'une seule émeraude, depuis qu'on a pu le voir de près à Paris, en 1809, et constater que c'était simplement du cristal coloré.

De San-Lorenzo, nous descendîmes dans les quartiers les plus populeux et les plus marchands de Gênes, aux alentours de la Bourse, et nous flânâmes tout le long de la rue des Orfèvres où abondent les magasins de ces jolis ouvrages en filigrane d'or et d'argent qui font une spécialité de luxe charmant à Gênes.

Mon mari alla visiter le port franc; mais moi, je fus consignée à la porte, en vertu d'un règlement tout aussi galant que la loi salique. J'allai passer ce temps saintement dans une église du quartier qui s'appelle Sainte-Marie des Écoles (*Santa-Maria delle Scuole pie*) où j'eus tout le loisir de compter les bas-reliefs et d'admirer les tableaux.

Nous allâmes dîner assez tard à la Concordia, et nous y prolongeâmes la soirée pendant deux heures, d'autant plus volontiers qu'on y donnait un assez bon concert. Cependant, nous y trouvâmes moins d'attraits qu'aux belles soirées passées précédemment au café des galeries milanaises, et, surtout, qu'à celles de la place Saint-Marc.

A dix heures, nous étions rentrés à l'hôtel. Une calamité bizarre devait marquer d'une pierre noire la dernière nuit de mon voyage. A peine au lit, — avec la meilleure intention de bien dormir, afin de prendre des forces pour le trajet du lendemain, — un roulement sonore, sur la nature duquel je demeurai quelque temps indécise, commença à ébranler la cloison contre laquelle mon lit était placé. Dans mon demi-assoupissement j'eus d'abord des

idées vagues d'un tremblement de terre, de
crue d'eau subite ou de tempête marine. Mais,
bientôt, complètement éveillée par un formidable crescendo, je pus me rendre compte que
c'était tout simplement le voyageur voisin qui
ronflait avec une puissance égale aux six cla-
viers des orgues de Fribourg. Cela montait
tout à coup en gammes majestueuses, se mo-
dulait en roulades, se détachait çà et là en
staccato, et faisait par instants des points
d'orgue inouïs. Nulle patience humaine n'y aurait tenu. Si j'avais eu le pouvoir de renverser
la muraille sur la tête de ce satané dormeur,
je t'assure bien qu'aucune considération d'humanité n'aurait été capable de me retenir, tant
j'étais furieuse. Ce qui m'agaçait encore davantage, c'est que mon mari, qui avait eu la
chance d'entrer dans le pays des rêves avant
que le voisin ait déployé toute sa voix, dormait actuellement comme un loir, bercé par ce
roulement comme on l'est par le bruit du chemin de fer. J'enrageais. A tout instant j'espérais charitablement que mon voisin allait s'é-
veiller par son propre vacarme ou s'étrangler

en exécutant une de ses invraisemblables vo-
calises. Vain espoir! Le drôle paraissait se
porter de mieux en mieux, passant du baryton
au ténor aigu, et du ténor aigu au *basso pro-*
fondo. Force me fut de prendre mon parti d'un
réveil complet, d'allumer ma bougie et de me
consoler tant bien que mal avec un livre de
Droz qui, heureusement, m'était tombé sous la
main le matin même dans l'hôtel.

N'importe : le code Napoléon, si sage qu'il
soit, n'a pas tout prévu; parmi les désillusions
que le mariage peut apporter à certaines jeunes
filles, une des plus sérieuses est certainement
de se trouver unie à un pareil ronfleur... et,
cependant, ce cas ne figure pas parmi ceux
qu'il est permis d'invoquer pour obtenir une
séparation de corps!

Quoi qu'il en soit, entre la colère et le charmant style de Gustave Droz, je passai toute la
nuit sans fermer l'œil. Vers six heures du matin, le voisin éteignit tout à coup ses batteries,
se leva et se mit à faire un tapage d'un autre
genre en barbottant comme un canard et en
remuant toutes ses faïences. Il fallait d'ailleurs

me lever moi-même afin de m'apprêter pour le départ. Mon mari se réveilla placidement ; l'idée qu'il n'avait rien entendu contribuait à m'exaspérer. Je me calmais cependant, lorsqu'en me rendant à la salle à manger pour prendre le café, j'aperçus le voisin qui sortait de sa chambre, frais, gaillard, dispos. C'était

> Un p'tit bonhomme, un p'tit bonhomme,
> Un p'tit bonhomme pas plus haut que çà !

comme dit la chanson de Madame l'Archiduc. Jamais, à la simple vue, on n'aurait pu le croire capable d'un tel excès de sonorité. Tu peux bien penser que je lui lançai un regard furibond ; mais il me rendit un coup d'œil d'une innocence extrême dévoilant tout le fond de son âme candide. Le cas échappait à toute vengeance humaine.

Quelque temps après nous prenions le train pour Pegli, car nous devions nous arrêter là, pendant l'intervalle de deux convois pour visiter la villa Pallavicini, ayant reçu le soir précédent l'autorisation demandée.

VINGT-CINQUIÈME LETTRE

26ᵐᵉ journée.
Vendredi, 24 septembre.

PEGLI. — VILLA PALLAVICINI. — RETOUR A NICE.

En sortant de Gênes, on entre dans un long souterrain qu'on appelle le Tunnel de la Lanterne, après lequel vient la station de Saint-Pierre-d'Arène, ville qui est, à bien dire, un faubourg manufacturier de Gênes.

On passe encore à Cornigliano, à Sestri di ponente, puis on voit l'établissement de bains de mer de Pegli. Nous descendîmes à l'hôtel d'Angleterre, en face de la gare, et nous allâmes tout de suite à notre destination.

La villa Pallavicini est certainement digne de sa réputation; il est difficile de voir de plus beaux jardins, et de tels caprices princiers doivent coûter cher. Cependant, à mon sens, l'ensemble est peut-être un peu trop recherché et surtout trop mythologique. Monza est plus naturel, Isola-Bella plus frappante; — après tout c'est un Tzarskoë Celo, un Schœnbrunn, un Versailles en miniature, et, si curieuses que soient les choses, il semble qu'on les ait déjà vues. Grotte d'azur, temple de Vénus, lac factice, bosquets de Paphos, kiosques turcs et japonais, il y a de tout et plus encore.

C'est le cas de dire avec Musset :

O dieux! ô bergers! ô rocailles!
Vieux satyres, termes grognons,
Vieux petits ifs en rang d'ognons,
O bassins, quinconces, charmilles,
Boulingrins pleins de majesté
Où le dimanche tout l'été
Baîllent tant d'honnêtes familles!
Fantômes d'empereurs romains,
Pâles nymphes inanimées
Qui tendez aux passantsles mains
Par des jets d'eau tout enrhumées!
Tourniquets d'aimables buissons,
Bosquets tondus où les fauvettes
Cherchent en pleurant leurs chansons,
Où les dieux font tant de façons
Pour vivre à sec dans leurs cuvettes!

Ce qui n'empêche point la promenade d'être charmante et de laisser dans l'esprit de très-gracieux souvenirs. La petite navigation sur le lac est ravissante, et il ne faut rien moins que le souvenir des gondoles de Venise pour lui faire perdre quelque chose de sa poésie.

J'arrive, ma chère amie, à la fin de mon petit voyage; le soir même, à neuf heures, nous rentrions à Nice. J'ai sans doute eu tort d'essayer de te traduire si mal les impressions que j'ai ressenties; si tu fais un jour ce même trajet, — et je te le souhaite, comme un des plus grands plaisirs que ton esprit puisse avoir, — tu te rendras compte de tout ce que j'ai mal dit et de tout ce que j'ai oublié. Mais, en amie, sans la moindre prétention littéraire, je t'envoie ce paquet de lettres. Qu'il amuse quelques heures ta charmante fille et toi, c'est tout ce que désire ton affectionnée

ISABELLE KRAFFT-BUCAILLE.

Nice, octobre 1876.

TABLE DES MATIÈRES

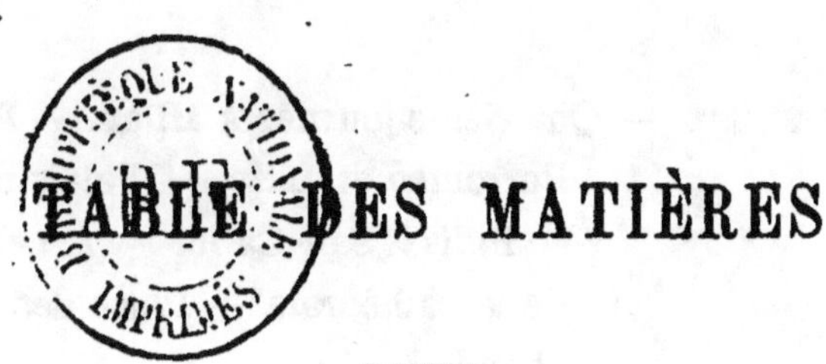

Pages.

Fontainebleau. — M. E. Bourges imp. breveté.